붓다

아함에서 묘법까지

붓다: 아함에서 묘법까지

초판 1쇄 발행 2020년 4월 21일
초판 2쇄 발행 2020년 5월 25일

지은이 | 황명찬
펴낸이 | 이의성
펴낸곳 | 지혜의나무

등록번호 | 제1-2492호
주소 | 서울시 종로구 관훈동 198-16 남도빌딩 3층
전화 | (02)730-2211 팩스 | (02)730-2210

ISBN ISBN 979-11-85062-33-4 03220

붓다

아함에서 묘법까지

황명찬 지음

지혜의나무

목차

머리말

부처님은 성도 후 약 48여 년간 제자들과 재가불자들을 교화하셨다고 한다. 오랫동안 설법하셨기 때문에 수많은 경전이 오늘날까지 전해지고 있다. 초기 경전인 아함경, 그리고 금강경과 능엄경 등 많은 대승경전과 열반하시기 전 7년여 동안 설한 법화경이 비교적 많이 알려진 경전들이다.

불교를 전문적으로 연구하고 공부하는 사람들도 불교 경전을 다 읽기란 결코 쉬운 일이 아닐 진데 하물며 직장생활을 하며 남는 시간에 불교 공부를 하는 사람들에게 많은 경전을 읽고 공부하기란 더 말할 필요도 없이 아주 어려운 일이다.

나는 30대말 태국에서 약 2년 동안 교수생활을 하면서 중아함경을 읽은 것을 시작으로 불교와 인연을 맺게 되었다.

그 이후 유마경, 금강경, 반야심경, 능엄경, 원각경, 열반경 등 대승경전을 읽게 되었고 50대 중반에 드디어 법화경에 입문하게 되었다. 법화경을 접하기 전까지는 경전을 읽고 공부하는데 주력한 셈이고 법화경을 접하면서 비로소 불교 수행을 하기 시작한 것이다.

참으로 다행한 것은 직장생활에 바쁜 나에게는 간화선 같은 선 수행은 꿈도 꿀 수 없었는데 수지 독송과 사경 위주의 법화수행은 비교적 손쉽게 할 수 있었던 점이다.

이 작은 책은 그동안 공부했던 것을 아주 간단하게 요약 정리한 것으로 이미 불교공부를 상당한 정도로 한 사람들에게는 아는 바를 다시 정리하는데 도움이 될 수 있겠고 새로이 공부를 시작하는 사람들에게는 공부의 길잡이가 될 수 있을 것이다.

부처님의 가르침은 아주 넓고 깊어서 어디서 시작해서 어디로 가는 것인지도 알기 어렵다. 인연 따라 시작한 불교 공부나 수행이 부처님의 가르침에 어디쯤 해당하는 것인지 알아야 하고 또 앞으로 어떤 방향으로 공부나 수행을 해나가야 하는지를 아는 것이 매우 중요하다. 말하자면 망망대해를 항해하는 선박에 나침반이 필요한 것처럼 불교 공부와 수행을 시작하는 사람도 나침반과 같은 길잡이가 필요하다. 『붓다: 아함에서 묘법까지』란 이 작은 책이 그러한 역할을 했으면 하는 마음이다.

이 작은 책을 펴내는 데 있어서 나의 난삽한 원고를 컴퓨터 워드작업으로 깨끗하게 정리해준 황수경과 교정을 보아준 황현정에게 우선 감사를 표하고 그리고 나로 하여금 이 책의 내용을 "강의"로 미리 정리할 기회를 만들어주신 제천의 법계심을 비롯한 여러 보살님들과 원주 최상호 법사를 비롯한 불자님들에게 깊은 감사를 드리고 싶다.

끝으로 이 소책자의 출판을 기꺼이 맡아주신 출판사 지혜의 나무 이의성 사장님께 감사드린다.

1
중생들의 살아가는 모습

1. 중생들의 살아가는 모습

부처님은 법화경 비유품에서 중생들이 세상에서 살아가는 모습을 다음과 같이 묘사하고 있다.

"여래가 삼계의 썩고 낡은 불타는 집에 나는 것은 중생들의 나고 늙으며 병들고 죽으며 근심하고 슬퍼하며 괴로워하고 번민함과 삼독의 불을 꺼 없애고서 가장 높고 완전한 깨달음을 얻게 하기 위함이니라.

모든 중생을 보니 나고 늙으며 병들고 죽으며 근심하고 슬퍼하며 괴로워하고 번민하는 불에 타고 있으며 또 오욕과 재물에 탐착하고 명리를 추구하여 현세에서 온갖 고통을 받으며 후세에는 지옥 아귀 축생의 고통을 받나니 혹 천상이나 인간에 나더라도 빈곤한 괴로움 사랑하는 사람을 이별하는 괴로움 원수를 만나는 괴로움 등 갖가지 괴로움을 받으며 이러한 괴로움을 받으면서도 중생들은 그 가운데 빠져 희희낙락하여 깨닫지도 못하고 알지도 못하며 놀라지도 않고 두려워하지도 않으며 또한 싫어할 줄도 모르고 해탈을 구하지도 않아 이 삼계 불타는 집에서 동서로 뛰어다니면서 이런 큰 고통을 만나고도 근심하지 않느니라.

사리불아 부처님은 이런 것을 보고 이렇게 생각하였나니 나는 중생의 아버지로서 마땅히 그 고통에서 건져내어 한량없고 그지없는 부처님 지혜의 낙을 주어 자재히 노닐게 하리라."

부처님이 보시기에 사람들은 마치 불타는 집 속에서 온갖 극심한 괴로움을 받고 있지만 놀랍게도 순간순간 즐거움에 취하여 그 고통을 잊은 채 살아가고 있다. 그리하여 그들은 절망과 체념 속에서 고통을 고통으로 알지도 못하고 두려워하지도 않고 그로부터 벗어나려고도 하지 않는다.

부처님은 이렇게 미망과 괴로움 속에서 사는 중생들을 구원하여 최고의 깨달음과 열반의 즐거움을 주기 위하여 이 고통의 세계에 출현하셨다고 한다.

2
아함경의 가르침

2. 아함경의 가르침

(1) 4성제와 무아(無我)의 가르침

석가모니붓다께서 성도 후 녹야원에서 처음으로 다섯 비구에게 중도(中道)와 4성제(四聖諦)를 설하였다고 한다. 모든 것이 괴로움이다. 그 괴로움에는 원인이 있다. 탐애와 집착이란 원인을 제거하면 괴로움은 소멸한다. 괴로움을 소멸시키는 데 여덟 가지 수행법(八正道)이 있다.

팔정도(八正道:여덟 가지 바른 수행법)는 다음과 같다.

① 바른 견해 (right view)

　- 네 가지 고귀한 진리 즉 고·집·멸·도(苦集滅道)를 아는 것

② 바른 생각 (right intention)

　- 버리고 내려놓는 마음, 악한 마음 갖지 않음, 해치지 않

는 마음

③ 바른 말 (right speech)

  - 거짓말, 이간의 말, 폭언, 쓸데없는 잡담 안하기

④ 바른 행동 (right action)

  - 불살생, 불투도, 불음행

⑤ 바른 생업 (right livelihood)

  - 살생 등 그릇된 생업이 아닌 올바른 생업으로 살 것

⑥ 바른 정진 (right effort)

  - 아직 일어나지 않은 불건전한 상태가 일어나지 않게 하
는 마음가짐과 정진

  - 이미 생긴 나쁜 상태는 버리려는 마음가짐과 노력

  - 아직 일어나지 않은 건전한 상태가 생기게 하는 마음가
짐과 노력 그리고 이미 생긴 건전한 상태가 계속 유지
되고 더욱 증가하게끔 노력하고 정진하는 것

⑦ 바른 마음챙김 (right mindfulness/正念)

  - 몸과 느낌과 마음과 현상 등 네 가지에 대한 마음챙김
(四念處)

⑧ 바른 선정 (right concentration)

  - 마음을 집중하여 청정하고 평온하고 평등한 깊은 선정

을 얻는 것

이것이 고(苦) 집(集) 멸(滅) 도(道)라 부르는 네 가지 고귀한
진리이다.

그러나 그것을 들은 처음 제자들이 고통을 경험하는 자
기(自我), 착한 행위나 악한 행위를 하는 자기, 그 업에 따라
윤회 전생하는 자기, 8정도(八正道)를 수행하는 자기, 그리고
열반에 드는 자기가 실제로 존재한다고 생각할까봐 다음과
같이 무아(無我)를 설했다. "단순히 괴로움은 존재한다. 그러
나 괴로움을 경험하는 자는 찾을 수 없다; 행위는 있지만
행위자는 없다; 열반은 있으나 열반에 드는 사람은 없다; 정
도(正道)는 있지만 정도를 닦는 자는 보이지 않는다."

모든 것은 무상하다(諸行無常), 일체가 모두 괴로움이다
(一切皆苦), 모든 것에 아(我)가 없다(諸法無我)라는 이른바 삼법
인(三法印) 즉 붓다의 세 가지 가르침 가운데 하나인 무아의
가르침은 오직 불교에서만 볼 수 있는 가르침이라고 한다.
그러므로 당시에는 붓다를 "무아를 설하는 스승(teacher of
impersonality)"이라고 불렀다.

무아를 이해하기가 매우 어렵기 때문에 제자들로 하여금
그것을 제대로 이해하게 하기 위해 많은 설법을 하였다. 우

리의 몸과 마음에 스스로 독립적으로 변함없이 존재하는 주체가 없고 오직 생성과 소멸을 거듭하는 계속적인 심신(心身)의 과정만 있을 뿐이라는 것이다.

만일 이 몸이 내 자신 즉 아(我)라고 하면 어찌하여 내가 마음대로 할 수가 없는가. 만일 몸이 나의 것이라면 아프지 말라고 하면 아프지 말아야 할 것인데 그렇지 않다. 그러므로 이 몸은 내가 아니다. 즉 무아(無我)이다.

수(受), 상(想), 행(行), 식(識)도 마찬가지로 내 마음대로 안 되므로 나도 아니요 내 것도 아니다. 즉 무아(無我)이다. 또한 오온(五蘊)은 무상(無常)하고 무상함으로 괴롭다. 무상하고 괴롭고 변하기 쉬운 것을 "이것은 내 것이요 이것이 나요 이것이 나 자신(self)이다"라고 할 수 없다. 그러므로 어떤 종류의 색신(色身)이든, 어떤 종류의 느낌이든, 어떤 종류의 인식이든, 어떤 종류의 업 짓는 행위이든, 어떤 종류의 분별의식이든 "이것은 내 것이 아니요, 이것은 내가 아니고, 이것은 내 자신이 아니다"라고 지혜롭게 보아야 한다.

고귀한 수행자가 인간을 구성하는 몸, 느낌, 인식, 업 짓는 행위, 분별의식의 다섯 가지 구성요소 즉 오온을 이와 같이 보면 오온에 대하여 혐오감을 경험하게 되고 마음에서 집착과 욕정이 소멸하여 고요하게 되며 결국 해탈한다. 오온뿐만 아니라 눈, 귀, 코, 혀, 몸, 의식의 육근(六根)과 색, 성, 향, 미, 촉, 법(色, 聲, 香, 味, 觸, 法)의 여섯 가지 대상이 인연 따라 만나서 생기는 여섯 가지 의식인 안식(眼識), 이식, 비식, 설식, 신식, 의식도 그것을 생기게 하는 인연이 완전히 소멸하면 그 여섯 가지 식도 찾을 수 없다. 그러므로 인연소생인 여섯 가지 식도 모두 무아(無我)이다.

나무의 견고한 속을 찾으려고 파초나무를 잘라서 계속 껍질을 벗겨 들어가면 결국 아무것도 찾을 수 없다. 양파의 본질을 찾으려고 계속 껍질을 벗기면 마지막에는 아무것도 안 남고 없듯이 육근(六根) 속에서 본질적인 자아(自我/self)나 자아에 속한 그 어떤 것도 찾을 수 없다. 그와 같이 그 어떤 것도 찾을 수 없으므로 이 세상의 어떤 것에도 집착하지 않게 되고 집착하지 않으므로 마음이 그것들에 이끌려 들뜨고 동요하지 않게 된다. 마음의 동요가 없고 평온해지면 열반을 얻게 된다.

인연 따라 모여 이루어진 오온인 나라는 존재는 파초나무 속 같이 아무것도 찾을 수 없으니 무아(無我)요 공(空)이다. 나라는 존재의 본성(本性)은 공(空)이요 무아(無我)이므로 나의 정체성(identity)은 없다. 즉 무자성(無自性/identitylessness)이다.

이러한 가르침이 아함경의 하나인 쌍윳따경에서 붓다께서 설한 무아(無我)의 가르침이다.

(2) 연기법의 가르침

연기법에는 두 가지가 있다. 하나는 현상계 속에서 어떻게 사람이 태어나고 늙고 병들어 죽는가, 그리고 사는 동안에 어떻게 여러 가지 고통을 받게 되는가, 그 원인이 무엇인가를 설명하는 12연기법이고 다른 하나는 우리 인간을 구성하는 색(色), 수(受), 상(想), 행(行), 식(識)의 다섯 가지 요소(五蘊)가 모두 "나", "나의 것"이라고 할 수 없는 무아(無我)요 공(空)이요 실체가 없다는 것을 설명하는 인연화합법이다.

12연기법은 과거, 현재, 미래에 걸쳐 생사윤회의 과정을 설명하는 것으로 인간의 늙어죽는 것을 비롯한 모든 괴로움(老死憂悲苦惱)은 무엇이 인연이 되어 있게 되는가. 그것은 탄생(生)이 인연되어 생긴 것이다. 탄생은 업(業)의 결과로 환생할 새로운 생명의 잠재적 존재(有)가 인연이 되어 있게 되고 그 존재는 집착(取)이 인연이 되어 생기고 집착은 탐애(愛)가 인연되어 생기고 탐애는 대상에 대한 느낌(受)이 인연되어 생기고 느낌은 대상과의 접촉(觸)이 인연되어 생긴 것이다. 접촉은 눈, 귀, 코 등 여섯 가지 감각 및 인식기관(六入)이 인연이 되어 있게 되고 이 여섯 가지 기관(六入)은 명색(名色/몸과 마음)에 인연하여 있게 된다. 이 명색은 업식(識)에 인연하여 생기고 업식은 업 짓는 행위(行)에 인연하여 생긴다. 여러 가지 업 짓는 행위는 네 가지 고귀한 진리를 비롯한 제법실상을 모르는 무명(無明)이 인연이 되어 생긴다.

우리는 실상이 무엇인지 모르기 때문에 나쁜 업을 짓게 되고 생사윤회를 거듭하며 고통과 괴로움을 받게 된다.

사람은 네 가지 진리 등 제법실상을 모르는 무명(無明)이 인연이 되어 몸과 마음과 입으로 여러 가지 선악의 행위(行)를 하게 된다. 이 업짓는 행위가 인연이 되어 의식(識)이 형성 유지 된다. 이 업식(業識)의 인연으로 다음생의 환생이 있게 되고 임신의 순간에 육신과 인식작용을 갖춘 존재(名色)가 생긴다. 생명체인 명색을 인연하여 외부세계를 감지하고 인식할 수 있는 여섯 가지 기관(六入)을 갖게 된다. 이 여섯 기관(六入)을 인연하여 식과 대상의 접촉(觸)이 이러나고 접촉의 인연으로 여러 가지 느낌(受)이 생기고 이 느낌을 인연하여 탐애(愛)가 생기고 강열한 탐애의 인연으로 집착(取)이 생긴다. 이 강한 집착을 인연하여 여러 가지 선악의 업을 짓고 그 결과로 다음 생에 새로운 생명으로 탄생할 수 있는 잠재적 존재(有)가 있게 된다.

이 새로운 생명의 잠재적 존재(有)는 사람이 죽음을 맞고 다시 환생할 때 새 생명체로 탄생(生)하게 된다. 탄생(生)을 인연하여 살아가는 동안 근심과 걱정, 슬픔과 고뇌 등 여러 가지 괴로움을 받고 결국 늙어 죽는다(老死憂悲苦惱). 이것이 인간이란 존재가 윤회전생하며 겪는 괴로움의 발생경로를 12단계에 따라 설명하는 12연기법의 내용이다.

연기법은 "이것이 있으면 저것이 있게 되고 이것이 생기면 저것이 생긴다. 이것이 없으면 저것이 없게 된다. 이것이 소멸하면 저것이 소멸한다."로 요약된다.

고(苦)의 발생 경로를 알게 되면 자연히 고를 소멸시키는 경로도 알 수 있다.

그러므로 무명이 소멸하면(無明盡) 업 짓는 행위가 소멸하고 업 짓는 행위가 소멸하면 업식이 소멸하고 업식이 소멸하면 명색이 소멸하고 이와 같이 차례로 소멸하여 결국 생이 없어지게 되고 생이 소멸하면 늙어죽는 것이 소멸하고(老死盡) 온갖 고통과 괴로움이 모두 소멸하게 된다.

부처님은 보통 사람들이 "있다"는 변견(邊見)이나 "없다"는 변견을 고집하며 사는데 이 양극단의 견해는 진실이 아니므로 그것을 버리고 중도(中道)를 취해야 한다고 설하였다.

두 가지 극단을 버리고 중도를 취하는 길이 연기법이라고 하였다.

"카카나여 모든 것이 존재한다 이것이 하나의 극단이고 모든 것은 존재하지 않는다 이것이 다른 하나의 극단이다. 여래는 이 두 가지 극단 중 어느 하나에도 치우치지 않고 중도에 의해 법을 설한다. 무명을 인연하여 업 짓는 행위가 생기고 업 짓는 행위가 인연이 되어 업식이 있게 된다…… 태어남이 인연이 되어 늙어죽는 것 등 모든 괴로움이 있게 된다. 이것이 모든 괴로움의 원인이 된다. 그러나 무명의 남김 없는 소멸로 업 짓는 행위가 소멸하고 업 짓는 행위의 소멸을 인연하여 업식이 소멸한다…… 태어남이 소멸하면 늙어죽는 등 모든 고통과 괴로움이 소멸한다. 이것이 모든 괴로움의 소멸이다."라고 설했다.

또 하나의 연기법은 이 세상의 삼라만상은 여러 가지 구성요소가 인연 따라 모여서 이루어진 것 즉 인연화합체(因緣和合体)로서 그 특성은 독립적인 존재가 아니고 다른 것에 의존해있는 존재로서 무아(無我)요, 무자성(無自性)이요, 공(空)이요 실체가 없는(非實) 존재라는 것이다.

우리가 매일 마시는 물을 예로 들어보자. 물은 수소원자

2개(H_2)와 산소원자 1개(O)가 인연화합한 물질이다. 산소원자는 원자핵과 전자가 인연화합하여 생긴 것이고 원자핵은 중성자와 양성자라는 미립자들이 인연화합하여 생긴 것이다. 수소도 마찬가지다.

결국 물이란 분자(H_2O)는 중성자, 양성자 그리고 전자라는 미립자들이 모여 생긴 원자들이 인연화합하여 생긴 물질이다. 세상에 존재하는 물질은 이처럼 미립자의 인연화합체인 원자들이 인연 따라 모여서 생긴 분자들로 구성된 것이다.

분자들의 인연화합체인 물질인 물은 목마를 때 마시면 갈증이 해소된다. 이 갈증을 해소시키는 "특성"이 다른 물질 예컨대 나무나 돌이란 물질과 물이란 물질을 서로 구별하는 특성이라고 볼 수 있다.

이 물의 특성이 변함없는 물의 본질적 특성 즉 물의 본성(本性) 또는 본질(本質)이라면 그것은 물을 어떻게 쪼개서 분석하더라도 그대로 변함없는 특성으로 남아있어야 한다. 이 변함없는 본질적 특성을 그 물질 자체의 성질이란 뜻으로 "자성(自性)"이라 부른다.

그런데 물 분자를 산소와 수소라는 원자로 분해하여 보

면 갈증을 해소시켜주는 물의 특성은 없어진다. 산소를 마셔도 수소를 마셔도 갈증은 해소되지 않는다. 산소나 수소란 원자를 구성하는 전자, 양성자 또는 중성자들도 우리의 갈증을 전혀 해소시킬 수 없다. 즉 이들 미립자는 물의 특성을 전혀 갖지 않고 있다. 결국 물이란 본질은 본질적으로 그 자체의 특성이 없는 무자성(無自性)이다. 뿐만 아니라 사물의 본성이 없으므로 공(空)이요 무아(無我)이다.

능엄경은 사물을 구성요소로 계속 쪼개고 또 쪼개면 마지막은 허공에 가까운 물질인 인허진(隣虛塵)에 이르고 그 인허진을 쪼개면 허공이 드러난다고 한다. 그리고 삼라만상은 이 허공에서 나온다고 한다. 이것이 물질인가 하고 보면 곧 공(空)이고 공(空)인가 하고 보면 곧 물질이다. 다시 말하면 물질이 곧 공이요(色卽是空) 공이 곧 물질이다(空卽是色).

사과는 배와 전혀 맛과 모양이 다른 과일이다. 사과와 배를 구별하는 특성은 사과와 배를 구성하는 분자 수준에서만 존재하지 분자를 구성하는 원자 이하의 수준에서는 그러한 특성을 전혀 찾을 수 없다. 그러므로 사과도 배도 그 본성은 공(空)이요 무자성(無自性)이요 무아(無我)이다.

남자와 여자는 분명 다른 모양과 특성을 가지고 있다. 그러나 남녀를 구성하는 분자 이하의 원자나 원자를 구성하는 미립자 수준으로 내려가서 분석해보면 그러한 특성은 전혀 찾아볼 수 없다.

그러므로 법화경 안락행품에서 남자다 여자다 구별하지 말라고 한 것이다. 남과 여의 본성이 무자성이요 공이어서 둘을 구분할 수 있는 특성을 찾을 수 없기 때문이다.

나라고 하는 사람 역시 육체(色)와 느낌(受)과 인식(想)과 업 짓는 행위(行)와 분별의식(識)의 다섯 가지 요소가 인연 따라 모여서 이루어진 인연화합체이므로 다른 존재와 구별할 수 있는 자기 자신의 특성이 없고(無自性) 실체가 없는 공(空)이요 따라서 「나」라고 할 수 있는 것이 아무것도 없다(無我)는 것이다.

육신은 지(地), 수(水), 화(火), 풍(風)의 네 가지 요소(四大)가 인연화합하여 생긴 것이다. 구성요소 어떤 것을 보아도 육신이라고 할 수 있는 것이 없다.

붓다께서는 쌍윳따경에서 이와 같이 설하셨다. 갠지스강으로 떠내려오는 큰 거품덩이를 잘 관찰해보면 그 거품덩이는 속이 텅 비어있고(空) 실체가 없다. 우리의 몸(色身)도 거품덩이처럼 공이요 실체가 없다. 가을에 비가 내릴 때 처마 밑에 생기는 물방울도 주의 깊게 관찰하고 잘 조사해보면 그것은 속이 텅 비어 공(空)이요 아무런 실체가 없다. 마찬가지로 나라는 사람을 구성하는 느낌(受)이란 요소 역시 물방울처럼 속이 텅 비어 공(空)하고 아무런 실체가 없다. 우리의 인식(想)은 여름에 보이는 신기루 같이, 우리의 업 짓는 행위(行)는 파초나무 속처럼, 그리고 우리의 분별의식(識)은 마술사가 마술로 만든 환상(幻)처럼 속이 텅 빈 공(空)이요 실체가 있는 듯 보이지만 사실은 아무런 실체가 없는 것이다.

사람을 구성하는 구성요소 하나하나도 공이요 실체가 없지만 그것들이 인연 따라 모여 생긴 사람도 본성이 공이요 무자성이요 실체가 없다.

이러한 가르침은 반야심경에 와서 "조견오온개공(照見五蘊皆空) 즉 오온을 비추어보니 모두 공이다"라는 가르침으로 이어지고 있다.

3
방등의 가르침

3. 방등의 가르침

⑴ 유마경

유마경은 방등부의 가르침으로 불국품, 방편품, 제자품, 문수사리문질품, 입불이법문품 등 총 14품으로 구성된 경전이다. 거의 모든 경전이 부처님이 직접 설하신 것인데 비하여 이 유마경은 부처님의 설법이 처음과 끝 부분에 약간 있고 대부분 재가 거사인 유마힐과 문병 차 유마거사를 방문한 문수보살 간의 대화로 이루어졌다는 데 그 특색이 있다.

부처님께서 베살리 암라공원에 여러 보살과 성문제자들과 함께 계실 때 보적이란 장자의 아들이 다른 장자의 아들 500명과 함께 부처님께 어떻게 하면 "청정한 불국토"를 얻을 수 있으며 청정한 불국토를 성취하기 위한 "보살행"을 가르쳐 주시옵소서 하는 요청에 따라 설하신 것이 유마경이다. 부처님은 "모든 중생이 보살이 추구하는 불국토이다. 보살은 그가 불법으로 제도한 중생에 따라 불국토를 얻기 때문이다. 대승심이 보살의 정토(淨土)이다. 왜냐하면 보살이 성불했을 때 대승을 구하는 사람들이 그곳에 태어나기 때문이다." 그러면서 중생이 곧 정토이고 중생의 깨끗한 마음이 정토라는 결론에 도달한다. 만일 보살이 정토를 얻고자 하면 그의 마음을 정화해야하고(當淨其心) 그의 마음이 청정하면(隨其心淨) 불국토가 청정하다고(則佛土淨) 부처님께서 말씀한다.

그때 사리불이 마음속으로 부처님께서 전생에 보살로 계실 때 마음이 청정했을 터인데 왜 지금 이 불국토는 청정하지 못한가 하고 의문을 갖게 되었다. 그의 마음을 아신 부처님께서 말씀하시길 눈먼 사람이 밝은 해와 달을 보지 못하는 것이 맹인의 허물이지 해와 달의 허물이 아니듯이 지금 정토인 불국토를 청정하지 않은 예토로 보는 것은 내 잘못이 아니고 사리불의 허물이라고 말씀하시면서 신통력을 사용하여 즉시 여러 가지 보석으로 장엄되고 예전에 보지 못한 청정한 불국토가 나타나게 하였다. 그러면서 부처님께서 사리불에게 말씀하시길 나의 불국토는 이와 같이 항상 청정한 정토이지만 그것이 더럽게 보이게 한 것은 근기가 낮은 사람들을 제도하기 위하여 방편으로 그렇게 한 것이라는 것이다. 그때 한 범왕이 사리불에게 당신의 마음이 높고 낮으며 불지혜에 계합하지 못했기 때문에 부정하게 보이는 것이라고 덧붙여 말한다.

예나 지금이나 사람들 특히 젊은이들은 도대체 우리가 사는 이 세상이 왜 이처럼 더럽고 혼탁하고 부패한가 하고 큰 의문을 가진다. 유마경에서 하신 부처님의 말씀에 비추어보면 그것은 사람들 특히 사회지도층에 있는 사람들의 마음이 깨끗하지 못하고 부패해있기 때문이다.

자식이 부모를 죽이고 부모는 자식을 죽이고 남편이 아내를 아내가 남편을 죽이고 형제가 서로 죽이는 이 말세 말법시대의 지옥 같은 세상을 극락정토로 만들려면 사람들이 그 마음을 깨끗하게 정화(淨化)해야 한다. 특히 사회지도층의 마음이 정화되지 않고는 이 부패한 세상을 정토로 바꾸기는 불가능하다.

유마경은 방등경으로 특히 성문·연각의 소승수행자들로 하여금 대승수행자인 보살이 되라는 것을 강조한 가르침이다. 보살도 화엄경 십지품에서 보듯이 제1지에서부터 제10지까지 여러 단계의 보살이 있으며 그 위에 등각과 묘각보살까지 더하면 실로 많은 단계가 있다. 그러므로 이름은 보살이지만 마음은 아직 소승에 머물러있는 보살이 있다면 그들도 진정한 대승보살이 되라는 것이다.

예를 들어 제자품에 보면 마하가섭에게 유마거사가 번뇌 없이 번뇌를 떠남도 없이 음식을 먹어야한다고 말했다. 번뇌를 가지고 번뇌 속에서 밥을 먹는 사람은 범부 즉 아무런 수행이 없는 평범한 사람이고, 번뇌는 괴로운 것이니 멀리해야한다는 분별심으로 밥을 먹는 사람은 소승의 성문이고, 번뇌가 있지도 않고(非有煩惱) 번뇌를 떠남도 없이(非離煩惱) 밥을 먹는 사람은 대승보살이다.

수행자 자신을 속인(俗人) 또는 비속인(非俗人), 성인(聖人) 또는 비성인으로 보지 말라고 한 것도 비속인이란 관념을 가진 성문으로 하여금 그것을 초월한 대승보살이 되라는 것이고 세간에도 머물지 않고 열반에도 머물지 말라는 것도 모두 같은 취지의 가르침이다.

유마경은 둘이 아닌(不二) 도리를 중점적으로 가르치는 경전으로 알려졌다. 그것은 다른 말로 하면 평등의 도리요 무분별의 도리를 말한다. 입불이법문품(入不二法門品)에서 보살들에게 각자 본인들이 이해한 불이(不二)에 드는 법문을 말해보라는 유마거사의 권유에 따라 여러 보살들이 불이의 도리를 말한다. 법자재보살은 말하길 생(生)과 멸(滅)이 두 가지인데 법이란 본성은 불생(不生)이므로 또한 불멸(不滅)이다. 이렇게 아는 것이 불이의 도리에 드는 것이라고 한다.

주정왕보살은 정도(正道)와 사도(邪道)가 둘인데 정도라는 것은 이것이 사(邪)다 이것이 정(正)이다 하고 분별하지 않는 것이므로 정도와 사도 두 가지를 다 떠나는 것이 바로 불이의 도리에 드는 것이다 라고 말한다.

불이의 도리는 실상의 도리요 중도의 도리이다. 전(前)과 후(後)도 두 가지로서 전이란 후가 없이는 성립할 수 없는 것이다. 전(前)이란 전의 전 즉 그 바로 앞의 것에서 보면 뒤 즉 후(後)가 된다. 전이 곧 후가 되니 전이란 것이 절대적인 것이 아니다.

생멸도 마찬가지다. 하늘에 떠있는 구름은 갑자기 생겨났다 드디어 비가 되어 흘러 강물이 되고 그것이 바다로 흘러들어가서 뜨거운 햇볕 때문에 수증기가 되어 다시 구름이 된다. 구름만 보면 생겼다(生) 없어졌지만(滅) 전체 과정을 보면 계속 모습이 바뀐 것이지 생멸이 있는 것이 아니다.

이 세상을 사는 보통 사람들은 무엇이든지 두 가지로 나누어 분별하고 인식한다. 저 여성은 아름답다 아름답지 않다, 저것은 사람이다(是) 아니다(非), 저기에 사람이 있다(有) 사람이 없다(無)로 분별하고 인식하고 판단한다. 그러나 그것은 한 면만 본 것으로 실상과는 거리가 멀다. 그러므로 실상을 깨달은 사람은 있는 것도 아니요(非有), 없는 것도 아니라고(非無) 여실하게 본다. 즉 두 가지로 나누어 보지 않는다. 그렇게 보는 것을 비유비무(非有非無)라 하여 중도실상(中道實相) 또는 불이(不二)의 도리(道理)라고 한다. 이렇게 보는 수행자가 높은 단계의 보살이요 부처님이다.

범부중생은 아(我)가 있다고 믿는다. 소승의 수행자인 성문이나 벽지불은 아가 없다(無我)고 배워서 안다. 그러나 높은 단계의 보살이나 부처님은 아가 있는 것도 아니요(非有) 아가 없는 것도 아니라고(非無) 안다. 아가 있느니 없느니 하는 생각과 관념 자체가 없다. 허공 같은 텅 빈 마음으로 필요할 때마다 자유자재하게 아(我)를 쓰기도 하고 무아(無我)를 쓰기도 할 뿐이다.

분별과 무분별도 두 가지다. 분별은 전혀 수행하지 않은 범부중생들이 하는 것이고 무분별은 성문을 비롯한 수행자들이 추구하는 것이다. 그러나 분별과 무분별 두 가지를 다 떠나서 불이(不二)의 도리를 깨친 사람들이 높은 단계의 보살과 부처님이다.

무조건 분별하지 않는다고 다 좋은 것은 아니다. 사람을 해치고 남의 것을 훔치거나 빼앗는 것은 나쁜 것인데 좋으니 나쁘니 분별하지 않는다고 사람을 해치고 남의 것을 훔친다면 큰 일이 아닐 수 없다. 그러므로 분별할 때는 분별하여 사람을 해치는 일, 남의 것을 훔치는 일, 부모에게 불효하는 일은 하지 않아야 하는 것이다.

분별하지 말라는 것은 분별한 다음 좋은 것을 가지려고 그것에 집착하여 큰 괴로움을 받기 때문이고 또 싫은 것은 배척하고 없애려고 하기 때문이다. 그러나 분별은 하되 집착을 하지 않는다면 무슨 문제가 있겠는가. 독이 있는 뱀에게 물리면 죽을 수 있다고 분별하여 뱀을 피하면 되지 구태여 그 뱀을 죽여 없앨 필요는 없다.

이와 같이 불이의 도리라는 이해의 틀을 가지고 유마경을 보게 되면 많은 것을 쉽게 이해할 수 있다.

보살행품에서 부처님께서 중향국에서 온 보살들의 요청

에 따라 유진(有盡) 무진(無盡) 무애(無閡) 법문을 설한다. 일명 유진무진해탈법문이라고 하는 가르침으로 일상생활세계에서 중생을 교화하는 일에 싫증을 내지 말고 열심히 하고 정법을 수호하고 지님에 있어 신명을 아끼지 말고 자신의 즐거움보다는 남의 행복을 더 기뻐하는 일 같은 것 등은 멈추지 말고 더욱 열심히 하라는 것이 이른바 부진유위(不盡有爲)이고 무상(無常)을 관하되 착한 근본을 싫어하지 않고, 세간의 고통을 관하면서도 생사(生死)를 혐오하지 않고, 공하여 아무것도 없음을 관하면서도 대비(大悲)를 버리지 않는 것 등을 부주무위(不住無爲)라 한다.

진(盡)이란 끝까지 다하지 않고 멈추는 것이다.

유위(有爲)는 인연법이 지배하는 세상에서 수행자가 해야 하는 일을 말한다. 그러므로 이 생사의 일상생활 속에서 중생을 이롭게 하고 불법을 닦고 지키는 일 같은 것은 중단 없이 계속 정진하라는 것이 부진유위(不盡有爲)이고 부주무위(不住無爲)는 불도를 깊이 닦아 해탈하여 열반의 경지에 이르렀지만 그러한 편안한 상태에 안주하여 세상을 외면하지 말라는 것이다.

아무리 깨닫고 도통했다 하더라도 이 현실세계와 동떨

어져 사는 것은 진정한 보살의 삶이 아니다. 세상에 유익한 일, 중생을 이롭게 하고 구하는 일들은 중단 없이 계속 열심히 하고 그런 가운데 불도를 깨치고 열반을 얻었다고 하더라도 그러한 행복한 상태에 취하여 세상을 등지고 세상을 싫어하지 않는 것이 보살행이다. 유위의 세계에서 열심히 사는 사람이 평범한 범부중생이고 불도를 닦아 선정과 지혜 그리고 열반을 얻어 무위의 세계에 안주하는 사람이 성문 등 소승수행자이다. 그러나 보살은 세상을 이롭게 하고 중생을 제도하는 일은 범부중생처럼 열심히 하고 비록 해탈하고 열반을 얻었다 하더라도 성문승과 같은 소승이 하듯이 중생들이 사는 생사계(生死界)를 버리지 않는다.

유마경은 암라공원에서 부처님이 설법하시는데 유마거사가 병으로 참석하지 못한 것이 계기가 된다. 유마거사는 출가한 수행자가 아니고 재가불자인 셈인데 처자를 거느리고 재산도 많고 넓고 깊은 불도를 닦아 신통력과 변재가 뛰어나서 그 명성이 자자한 사람이다. 그리하여 부처님은 성문제자인 사리불에게 부처님을 대신하여 문병을 다녀오라고 말씀하신다.

사리불은 한때 나무 밑에서 자기가 좌선을 하고 있는데

지나가던 유마거사는 그것을 보고 "진정한 좌선은 반드시 앉는 것이 아니오. 좌선은 몸과 마음이 삼계(三界)에 나타나지 않는 것이오. 도를 버리지 않고 세상일을 하는 것이고 번뇌를 끊지 않고 열반에 드는 것이 모두 좌선이라오. 이와 같이 좌선하면 반드시 부처님의 인가를 받을 것이오."하고 지적하였다. 이런 유마거사의 말을 듣고 사리불은 말문이 막히고 어안이 벙벙하여 무슨 말로 대꾸해야 할지 몰랐으며 그런 까닭에 자기는 문병 갈 자격이 없다고 사양하였다. 목건련, 마하가섭, 수보리 등 부처님의 유명한 성문제자들이 모두 과거 유마거사와 만난 쓰라린 경험을 이유로 문병 다녀오라는 부처님의 요청을 차례로 사양하고 이어서 미륵보살 등 보살까지도 사양하게 되었다. 끝으로 요청을 받은 문수보살이 자기도 자격이 없지만 분부하신대로 다녀오겠다고 나섰다. 그때 많은 제자들과 보살들 그리고 많은 사람들이 문수보살을 따라 유마거사의 집을 방문하고 이어서 두 사람 간의 대화가 이루어지고 그 내용이 유마경의 대부분을 차지한다.

문수보살은 우선 그 병이 어데서 왔느냐고 묻는다. "나의 병은 우매함이 원인이요 우매함에서 탐애가 생기고 탐애

때문에 병이 생긴 것이오. 일체 중생이 병으로 아프니까 나도 병으로 아픈 것이오. 만일 중생의 병이 소멸하면 내 병도 소멸할 것이오. 그것은 마치 외아들이 아프면 그 부모도 병으로 아프고 아들의 병이 나으면 부모의 병도 함께 낫는 것과 같소. 보살은 중생이 아프면 같이 아프고 중생의 병이 나으면 보살의 병도 소멸하는 것이오." 하고 유마거사가 대답한다.

이어서 보살이 아픈 보살을 병문안할 때 어떻게 말해야 하는가 라는 문수의 질문에 유마거사는 몸의 무상함을 말하되 몸을 싫어하게 말해서는 안 되고 몸에 괴로움이 있음을 말하되 열반을 좋아하게 해서는 안 되며 몸이 무아(無我)임을 말하되 중생을 교화해야 한다고 대답한다.

그리고 문수보살은 몸이 아픈 보살은 어떻게 그 마음을 다스려야 하는가 하고 묻는다. 이에 대하여 이렇게 생각하라고 유마거사는 대답한다. "내 병은 전세의 전도된 생각과 여러 가지 번뇌 망상 때문에 생긴 것이다. 그러나 그것들은 실체가 없는데 누가 병고를 받겠는가? 몸이란 지수화풍의 네 가지 요소(四大)가 인연화합하여 임시로 생긴 이름으로서 그 네 가지 요소는 주인이 없고(無主) 따라서 몸이란 것은 무아(無我)요. 또한 이 병은 나에 대한 집착으로 생긴 것이기 때문에 나에 대하여 집착을 하지 말아야 하오. 내 병은 실체도 없고 있는 것도 아니고(非眞非有) 중생의 병도 또한 실체도 없고 있는 것도 아니라고 생각해야 하오. 보살은 이와 같이 마음을 다스리되 조복된 마음에도 머물지 말고 조복되지 않은 마음에도 머물지 말아야 하는 것이오. 만약 조복되지 않은 마음 즉 잘 다스려지지 않는 마음에 머물면 그것은 우매한 사람의 법이고, 잘 다스린 마음인 조복심(調伏心)에 머물면 그것은 성문법(聲聞法)이오. 그러므로 보살은 조복된 마음에도 머물지 말고 조복되지 않은 마음에도 머물지 말아야 하오. 이 두 가지 마음 다스림을 모두 떠나는 것이 보살행이오.”하고 유마거사는 말한다.

세상 사람들은 많은 것들에 대하여 집착하지만 그 중에서도 제일 큰 집착을 보이는 것은 자기 몸이다. 몸을 건강하게 그리고 튼튼하게 만들고 유지하기 위하여 많은 시간과 많은 돈을 아낌없이 쓴다. 그것은 예나 지금이나 마찬가지다.

유마거사는 중생 제도를 위하여 방편으로 아픈 몸을 나타내고 문병 온 사람들에게 “이 몸은 무상(無常)하고 강하지 못하고 힘없고 속히 늙기 때문에 믿고 의지할 수 없다. 몸은 괴로움이요 고뇌와 온갖 병이 모이는 것이오. 그러므로 지혜 있는 사람은 이러한 몸을 믿지 않소. 이 몸은 거품 같아 만질 수 없고, 마치 물방울처럼 오래 가지 못하고, 마치 불꽃 같아 갈애에서 생기고, 파초나무처럼 단단한 속이 없고, 마치 환상처럼 전도된 생각으로 생기고, 꿈 같이 허망한 견해로 생기고, 업을 따라 나타나는 그림자 같고, 인연 따라 생기는 산울림 같고, 잠시 머물다 사라지는 뜬 구름 같고 번갯불 같소. 이 몸은 땅처럼 주인이 없고 불처럼 무아(無我)요 바람처럼 수명이 없고 4대(四大)가 모여 된 것으로 실체가 없고 깨끗치 못하고 더러운 것이 가득한 것이며 백 가지 병이 모인 재앙이오. 그러므로 이처럼 혐오스럽고 더러운 몸을 멀리하고 부처님 몸(佛身)을 즐거워해야 하오. 불신은 법신으로서 무량공덕과 불지혜를 따라 생겨나고 자비희사(慈悲喜捨)를 따라, 6바라밀을 따라 생기는 것이오. 만일 불신을 얻고 일체 중생의 병을 없애려면 응당 무상등정각의 마음을 내야 하는 것이오."

우리 몸에 대한 유마거사의 설명을 듣고 나면 몸은 집착할 것이 못되고 몸보다는 마음을 닦는 데 큰 관심을 갖게 된다. 몸을 애지중지하며 집착하는 사람들이 범부중생이고 몸에 대한 애착을 버리고 마음 닦는 데 집중하는 수행자가 성문 등 소승의 수행자들이다. 몸도 소홀히 하지 않고 마음 닦는 것에도 집착하지 않는 것이 보살수행자다.

이러한 보살에게 가장 중요한 것이 구원의 대상인 중생이다. 관중생품은 보살이 중생을 어떻게 보아야 하는가를 설한 품이다. 보살은 어떻게 중생을 보아야 하는가 라는 문수보살의 질문에 대하여 유마거사는 이렇게 대답한다.

마치 환술사가 환술로 만든 사람을 보듯이 보살은 중생을 보아야 하오. 지혜로운 사람이 물 속의 달을 보듯이, 거울 속의 얼굴을 보듯이, 뜨거운 여름에 아지랑이를 보듯이, 메아리소리 듣듯이, 허공에 뜬 구름 보듯이, 물방울 보듯이, 물거품 보듯이, 속이 텅 빈 파초나무 보듯이, 순간 번쩍하는 번개 보듯이, 석녀(石女)의 아이 보듯이, 공중을 나는 새의 흔적을 보듯이 보살은 중생을 보아야 한다.

외관상 있는 듯 보이지만 사실은 전혀 실체가 없는 이름 뿐인 것들을 보듯이 중생을 보라는 것은 깊은 뜻이 있는 것이다. 우선 실체가 없는 것이니 집착하지 말라는 것이다. 구원의 대상에 대하여 지나치게 집착하는 것은 일을 그르치기 쉽다. 어머니들이 자식이 귀하다고 지나치게 집착하기 때문에 어머니의 뜻과는 달리 자식을 망치는 경우가 많은 것처럼 중생에 대한 강한 집착이 구원의 보살행에 큰 장애를 가져올 수 있기 때문이다.

다음으로 실체가 없다는 것은 중생이란 존재의 본질적 자성이 없다(無自性)는 뜻이다. 중생이 고정불변의 실체가 있다면 어떻게 중생을 교화하여 보살이나 부처로 바꿀 수가 있겠는가. 중생이 실체가 없는 이름만 중생이기 때문에 무엇으로도 바뀔 수가 있다. 금강경에서 부처님이 설하듯이 "여래가 말한 중생은 중생이 아니고 이름이 중생이다(如來說 衆生 卽非衆生 是名衆生)."

보살은 보살이 아니고 이름이 보살이라는 것도 같은 취지의 말이다.

끝으로 관중생품에 성문제자 중 지혜 제일이라는 사리불과 천녀(天女)의 대결의 멋진 장면을 보면서 이 글을 끝내려한다. 유마경은 소승수행자인 성문들을 대승의 보살로 이끌기 위해 때로는 무참하게 성문승 특히 대표격인 사리불을 가차없이 공격하여 설복시킨다. 그 한 예가 천녀와 사리불의 대결이다.

문수사리보살이 유마거사를 문병하기 위해 유마거사의 집을 방문할 때 많은 성문제자들, 보살들 그리고 마을 사람들이 함께 찾아온다. 그 때 유마거사와 문수사리의 법담을 듣고 있던 천녀(天女)가 환희심에서 하늘꽃을 허공에서 뿌렸다. 그 꽃들은 보살들의 몸에 떨어짐과 동시에 다 흘러내렸으나 유독 성문들의 몸에서는 붙은 채 떨어지지 않고 남아 있었다. 사리불 등 성문제자들은 그것을 털어내려고 애썼지만 잘 떨어지지 않았다.

이를 본 천녀가 사리불에게 "왜 꽃을 떼어내려 하는가요?" 하고 묻자 "그 꽃은 법답지 못하기 때문이요." 하는 사리불의 대답에 다시 천녀가 "꽃은 분별하는 바가 없는데 사리불 스스로 '법답지 못하다'는 분별을 일으키고 그 때문에 꽃이 떨어지지 않는 것이요."하고 말한다. 이어서 출가 수행자에게 분별하는 바가 있으면 그것이 곧 "법답지 못한 것"이지요 하고 말한다.

이렇게 첫 대결에서 천녀에게 "깨어진" 사리불은 계속 수세에 몰리던 중 "천녀여 그대는 왜 여인의 몸을 바꾸지 않고 있는가요?" 하고 묻자 "저는 이 곳에서 12년 동안 여인의 상(相)을 찾아보았으나 찾아낼 수 없었다오. 바꿔야 할 것이 무엇인가요? 만일 마법사가 마법으로 가짜 여인을 만들어 놓았는데 어떤 사람이 그 가짜 여인에게 왜 당신은 여인의 몸을 바꾸지 않는가? 하고 묻는다면 그것이 올바른 질문이 되겠소?"

사리불이 대꾸한다. "그것은 말이 안 되지요. 허깨비에게 고정된 상이 없는데 어떻게 그것을 바꾼다고 하겠소." 사리불이 안타깝게도 천녀에게 밀리고 있다.

천녀 왈 "제법(諸法)이 이와 같이 고정된 모습이 없는데 어찌 그것을 바꾼다고 할 수 있겠소." 드디어 천녀가 결정타를 날린다.

그 순간 천녀가 신통력을 사용하여 사리불을 천녀의 모습으로 바꾸어놓고 자신은 남성인 사리불의 모습으로 바꾼다. 그리고 천녀는 사리불에게 "왜 그 여인의 몸을 바꾸지 않나요?" 하고 묻자 당황한 사리불은 "내가 어떻게 여인의 몸으로 바뀌었는지 모르겠소." 하고 말한다.

천녀 왈 "사리불 그대가 여인이 아니면서 여인의 몸을 나타내듯이 모든 여인도 그와 같소. 그들이 비록 여인의 몸을 나타내고는 있지만 본질이 여인이 아니라오. 그러므로 부처님께서 '일체제법은 남자도 아니고 여자도 아니다(一切諸法 非

男非女).'고 말씀하셨소." 그러면서 천녀가 신통력을 거두자 사리불과 천녀는 본래 모습으로 돌아왔다.

마지막으로 천녀가 묻는다. "사리불존자여. 여인의 몸이 지금은 어데 있는가요?"

사리불 왈 "여인의 몸은 있지도 않고 없지도 않소(女身色相無在 無不在)."

천녀가 이제 끝을 낸다 "사리불이여 일체 제법 또한 이와 같아서 있지도 않고 없지도 않소. 이것이 바로 부처님께서 설하신 불이법문(不二法門)입니다."

이렇게 게임은 끝난다.

(2) 수능엄경

능엄경은 방등의 시기에 설하였다고 한다. 이 경은 앞으로는 소승교에 통하고 뒤로는 대승과도 통한다. 방등의 시기는 대승의 가르침의 시작이며 소승으로 하여금 작은 것을 돌려 큰 것으로 향하게 가르친 것이다.

능엄경을 설하게 된 계기는 이렇다. 마을에 탁발을 나갔던 아난이 그를 흠모한 마등가란 여자의 딸의 요청으로 마등가가 사용한 외도의 주술에 걸려 그 기녀의 방에 들어가 음행을 금한 계율을 깰 위험한 순간에 그것을 아신 부처님이 "능엄신주"를 설하여 그 주술을 풀고 문수보살로 하여금 데려오게 한 후 아난에게 설한 경이 "수능엄경"이다.

아난은 돌아와 부처님을 보자 눈물을 흘리며 그동안 줄곧 다문(多聞)에 치중하고 선정수행을 게을리 하여 도력(道力)을 온전히 갖추지 못한 것을 한탄하며 시방의 여래께서 무상의 깨달음을 이루는 수행법에 대하여 법문을 설해주실 것을 청하고 그의 요청에 따라 부처님께서 그로 하여금 묘한 깨달음의 밝은 마음(妙覺明体)을 보게 하신 것이다.

부처님은 아난에게 "너는 무엇을 보고 출가하였는가?"하고 묻자 아난은 "저는 여래의 32상이 수승하고 묘한 금빛의 청정한 광명이 나는 것을 보고 그것을 앙모하여 출가했습니다."하고 대답한다.

그러자 부처님은 "일체 중생이 무시이래로 생사(生死)가 서로 이어지는 것은 모두 항상 머물러있는 진심(常住眞心)의 깨끗하고 밝은 자신의 성품의 본체(性淨明体)를 알지 못하고 온갖 망상(妄想)을 내며 이 참되지 못한 망상 때문에 윤회전생의 괴로움을 받고 있다는 것을 알아야 한다."고 설한다.

그리고 이어서 아난으로 하여금 각성(覺性)의 근원을 깨닫게 하기 위한 부처님의 질문이 계속되고 그 질문에 아난이 답을 하면서 각성의 근원에 대한 탐색은 계속된다.

출가할 때 무엇으로 보고 누가 좋아했는가?

눈으로 보고 마음으로 좋아했습니다.

지금 너의 마음은 어느 곳에 있는가?

몸 안에 있습니다. 몸 밖에 있습니다. 눈에 있습니다. 등으로 이어지는 아난의 대답들이 전부 틀렸음을 지적하며 결국 분별하는 허망한 식(識)은 있는 곳이 없다는 것을 깨닫게 한다.

특히 중생들이 전도되어 망상에 불과한 생멸심을 자기의

본성(自性)으로 착각하고 불생불멸하고 원래 청정한 본체를 잃어버리고 종일토록 그것을 쓰면서도 깨닫지 못하고 육도를 윤회하고 있다는 것을 지적한다. 그리고 이어서 우리들이 외계를 인식함에 가장 많이 사용하는 눈으로 보는 것을 들어서, 보는 성품을 통하여 우리가 본래부터 가지고 있는 묘한 깨달음의 밝은 마음(妙覺明体)을 알아보게 한다.

우리의 마음은 두 가지 종류가 있다. 하나는 고요한 바닷물과 같은 마음으로 상주진심(常住眞心)이라 부르는 마음이다. 그것은 대상 따라 움직이는 마음이 아니고 항상 밝고 깨끗한 깨친 마음이다. 능엄경은 이 마음을 "묘하게 깨친 밝음 자체(妙覺明体)"라고 부른다.

그것과 대조가 되는 또 하나의 마음은 이른바 "생멸심(生滅心)"으로 마치 바다에 바람이 불면 생기는 파도와 같이 수시로 대상 따라 생겼다 소멸하는 마음을 말한다.

이 세상의 대부분의 사람들은 이 생멸심의 지배를 받고 있다. 근심 걱정하는 마음, 시비 분별하는 마음, 시기 질투하는 마음, 좋아하고 싫어하는 마음, 화내는 마음, 욕심내는 마음 등은 모두 생멸심으로 이 세상을 살고 있는 대부분의 사람들의 마음을 지배하고 있는 마음이다. 범부중생들은 이러한 마음의 영향으로 착하지 못한 업을 짓고 그 과보의 영향으로 윤회를 거듭하며 여러 가지 괴로움과 고통을 받고 있다.

상주진심과 생멸심은 마치 고요한 바닷물과 파도가 별개의 존재가 아닌 것처럼 전혀 상관없는 별개의 마음이 아니다. 상주진심이 본체라면 생멸심은 그 본체에서 일어나는 파도와 같은 현상이다. 생멸심의 본성은 묘하게 깨친 밝은 마음이다.

능엄경은 물질을 쪼개고 또 쪼개면 결국 허공에 가까운 미립자인 인허진(隣虛塵)에 도달하고 이 인허진이란 미립자를 쪼개면 허공(虛空)이 드러난다고 한다. 이 허공에서 모든 현상 즉 삼라만상이 나온다고 한다. 이것이 반야심경이 설한 색즉시공(色卽是空), 공즉시색(空卽是色)이다. 현상이 곧 공이라는 본성이고 본성인 공이 곧 현상이다. 파도가 바다요 바다가 곧 파도이다. 이것을 알고 깨치면 윤회의 괴로움에서 해방되고 마음의 평화를 얻을 수 있다.

뿐만 아니라 우리가 항상 마주 대하는 모든 경계와 대상인 삼라만상은 수시로 생멸을 거듭한다. 눈에 보이는 꽃도 생(生) 주(住) 이(異) 멸(滅)을 거듭하고 귀로 듣는 소리도 생성과 소멸을 거듭한다. 그러나 이 현상들의 본질은 변함없는 묘한 깨침의 밝음 자체이다. 이것을 여래장(如來藏) 즉 여래의 모태라고 부른다.

허공에서 삼라만상이 나오듯이 삼라만상은 여래장이라는 마음이 만든 것이고 여래장 속에서 나타난 것이다. 허공 속에 막 피어오른 구름이 공이요 실체가 없듯이 이러한 삼라만상은 마치 허공에 핀 꽃처럼 공(空)이요 실체가 없다. 그러므로 있다고 말할 수 없다.

그럼에도 불구하고 눈 어두운 범부중생들은 이 허공화(虛空華) 같은 모든 존재를 마치 실제하는 것인 양 분별하고 판단하고 평가하여 좋은 것은 가지려고 집착하고 싫은 것은 미워하고 배척한다. 그러면서 온갖 나쁜 업(業)을 짓고 그 결과로 여러 가지 고통과 괴로움을 받는다.

우리가 실체적 존재라고 믿고 있는 삼라만상이 실은 허망한 존재라고 바로 알고 그것들에 대한 분별과 집착을 내려놓으면 그때 그것으로 가려 보이지 않던 묘한 깨침의 마음 자체가 자연히 드러난다. 그리고 모든 괴로움과 고통에서 해방된다.

대상 따라 수시로 생멸하는 마음의 본성인 참성품은 항

상 존재한다. 소리는 생멸하지만 소리를 "듣는 성품"은 소리가 있고 없고 상관없이 항상 존재한다. 이 생멸하지 않는 "듣는 성품"을 보고 깨치면 그것이 바로 '견성(見性)'이다.

이처럼 생멸하지 않는 "듣는 성품"이나 "보는 성품"을 보면 그것이 바로 우리가 본래부터 갖추고 있는 깨친 마음이다. 시어머니가 미울 때 그 마음에 빠져 괴로워하는 며느리가 그 미워하는 마음을 알아차리고 그 마음의 본성인 밝게 빛나는 '앎(awareness)'을 보면 그것이 바로 묘하게 깨친 밝은 마음이다.

한때 마조선사가 제자인 백장과 산책을 하고 있었다.

"저게 무엇이냐?"

"기러기들입니다."

"지금 어디 있는가?"

"그들은 날아가 버렸습니다."

그 순간이었다. 마조는 느닷없이 백장의 코를 잡아 비틀었다. 코를 감싸 쥐고 비명을 지르는 백장에게 마조는 말했다.

"그들은 처음부터 여기 있는데 어떻게 날아갔다고 말할 수 있느냐?"

이때 수행으로 무르익은 백장은 바로 밝고 뚜렷한 "듣는 성품"과 "보는 성품"을 보게 되었다. 기러기 소리는 기러기와 함께 사라져도 소리를 "듣는 성품"은 내 안에 항상 있고 기러기라는 눈에 보이는 대상은 갔어도 "보는 성품"은 항상 있는 것이다. 마조는 그 순간 백장으로 하여금 우리가 본래부터 갖추고 있는 "듣는 성품"을 보게 한 것이다.

이것을 가리켜 "고요하게 항상 비추고(寂而常照) 비추며 항상 고요한 것(照而常寂)"이라고 부르기도 하고 임제선사는 아무런 형체도 없으면서 "밝고 뚜렷한 것"이라고 부른다. 임제선사의 스승인 황벽선사는 그의 전심법요(傳心法要)에서 이 본원의 깨끗한 마음이 "항상 스스로 뚜렷이 밝아 두루 비추고 있다"고 말했다.

이와 같이 현상을 따라 생멸을 거듭하는 생멸심을 멈추고 허망한 현상에 대한 분별과 집착을 내려놓으면 그것으로 가려져 보이지 않던 깨친 마음인 불지혜가 자연히 드러난다.

(3) 원각경

원각경은 소승을 대승으로 인도한 8년간의 방등시에 설한 부처님의 가르침이다. 중생들의 하근기서부터 상근기까지 모든 사람들에게 이로운 완전히 발전되고 넓은 가르침이라고 한다.

부처님은 이 경에서 우리가 본래 가지고 있는 지혜를 가지고 모든 환상(幻想)을 꿰뚫어볼 것, 그리고 허공에 핀 꽃처럼 아무 실체가 없는 환(幻)을 멀리 떠날 것, 몸과 마음이 아무런 실체가 없다는 것, 깨치려고 분별심을 사용하지 말 것, 생사의 원인이 되는 욕망과 애욕을 제거할 것 등을 차례로 가르쳤다.

원각경은 문수보살이 "부처님께서 깨달음을 성취하기 위하여 본래 하셨던 수행이 무엇이며 중생들이 깨끗한 마음을 일으켜 모든 병을 멀리 떠나고 미래 말세 중생으로 하여금 사견(邪見)에 떨어지지 않는 법을 설해 주소서"하는 요청과 그 요청에 응하여 부처님이 깨달음의 원인이 되는 수행법을 설하신 것이 원각경의 내용이다.

처음 두 편인 문수사리보살장과 보현보살장은 이른바

"돈오"에 해당하는 것이고 이 뒤의 여러 장들은 이른바 "점수"의 장들이다. 원각경에서 부처님께서 설하신 내용의 핵심은 문수와 보현의 두 장에서 배울 수 있으니 여기에서는 그 내용의 요지가 무엇인지 설명하고자 한다.

부처님께서는 처음에 항상 밝게 비추는 깨끗한 깨달음 즉 원각(圓覺)에 의지하여 무명(無明)을 영원히 끊고 성불하였다고 선언하였다.

중생들은 무시이래 전도되어 마치 눈병난 사람이 허공에서 헛꽃을 보듯이 지, 수, 화, 풍의 네 가지 요소(四大)가 모인 것을 자기의 몸이라고 착각하고 색, 성, 향, 미, 촉, 법의 여섯 가지 경계와 안, 이, 비, 설, 신, 의 라는 여섯 가지 인식기관이 만나서 생기는 인연그림자 즉 여섯 가지 의식의 작용을 자기의 마음이라고 착각하여 허공에 핀 헛된 꽃(空華) 같이 아무런 실체가 없는 삼라만상에 집착하여 여러 가지 업(業)을 짓고 그 결과 생사윤회를 거듭하며 온갖 괴로움을 받으며 살고 있다. 이것이 부처님이 말하는 중생들의 무명(無明)이요 미망이다.

자기의 몸과 마음을 포함한 모든 현상 즉 삼라만상은 눈병난 사람이, 아무 것도 없이 텅 빈 허공에 "헛꽃(空華)"이 실제로 있는 것처럼 여기듯이 우리 눈에 실제로 있는 듯 보이는 모든 현상이 사실은 실체가 없는 것이라고 바로 알면 즉시 고통의 생사윤회에서 해방되고 고통 받는 "나의 몸과 마음"이 없게 된다.

"나의 몸과 마음"이 공화(空華)이니 그것으로 보고 듣고 아는 것, 생각하는 것, 경험하는 것 모두가 공화인 환(幻/illusion)이다. 그러므로 이런 환을 멀리 떠나야 그것에 가려 보이지 않던 우리 중생들이 본래 가지고 있는 원각(圓覺)이 드러나 보이게 된다.

삼라만상이 모두 공화(空華)요 환화(幻華)라 하여 아무것도 없는 것이 아니다. 우리 중생들의 본성인 각성(覺性) 즉 '앎(awareness)'은 항상 있는 것이다. 그것을 불성, 여래장 등으로 부르기도 하지만 모든 부처님들이 그것에 의지하여 무명을 끊고 성불했다고 하는 원각묘심(圓覺妙心)이다.

이 원각묘심은 생멸(生滅)이 없는 부동(不動)이요 유무(有無)의 두 가지 분별이 없는 불이(不二)요 무이지(無二智)요 무분별의 지혜(無分別智)이다. 이와 같이 알고 수행하면 본래 가지고 있는 원각이 드러나서 성불할 것이며 다시는 사견에 떨어지지 않을 것이다.

이 법문을 듣고 보현보살이 몸과 마음도 환(幻)이요 우리의 생멸심으로 느끼고 인식하고 생각하고 경험하는 모든 것이 허공에 핀 헛꽃이요 환상 같은 것이라면 도대체 누가 수행한단 말인가? 하고 큰 의문이 생겼다. 만일 환 같은 마음이 실제로 없는 것이라면 수행을 못할 것이고 수행을 못하면 중생들은 생사윤회의 세계에 살면서 그들은 삼라만상이 실제하는 것으로 여기며 계속 두 가지로 나누어 분별하고 집착할 것인데 어떻게 생사윤회의 고통으로부터 해탈할 수 있겠는가.

그리하여 보현보살은 부처님에게 점수(漸修)의 방법을 가르쳐줄 것을 요청하게 된다.

부처님은 일체중생의 여러 가지 환(幻)은 모두 여래의 원각묘심(圓覺妙心) 즉 원각이라는 묘한 마음에서 다 나온다고 대답하신다. 그것은 마치 허공 꽃이 모두 허공에서 생겨나는 것과 같다. 허공은 본래부터 그 자리에 그대로 있는 것이지만 그것을 배경으로 눈병 때문에 헛되게 있는 것처럼 피어난 공화(空華)는 눈병만 없어지면 소멸하는 것이다.

중생들이 갖는 환의 마음(幻心)은 소멸하더라도 그들이 본래부터 가지고 있는 깨침의 마음(覺心)은 그대로 있어 부동

(不動)이다. 중생이 환(幻)에 집착하여 깨침이 있다고 말하는 것도 환(幻)이요 깨침이 없다고 말하는 것도 또한 환이다. 환의 마음으로 하는 모든 분별과 인식은 모든 새로운 환(幻)을 만드는 것이다. 이러한 가짜인 환(幻)을 모두 버린다고 하여 모든 것이 없는 허무(虛無)가 아니다. 이러한 환(幻)의 근본인 깨친 묘한 마음 즉 원각(圓覺)은 그대로 남아있다.

이 원각은 능엄경에서 말하는 상주진심(常住眞心) 즉 항상 머물러있는 참마음이요 여래장(如來藏) 즉 여래의 씨앗이 있는 곳이다.

그러므로 보살과 말세 중생들은 응당 모든 환 같이 실체가 없는 허망한 경계(境界)를 멀리 떠나야 한다. 떠나야 한다는 마음에 집착하면 이 마음 역시 환(幻)이므로 떠나야 한다는 것도 멀리 떠나야 한다.

멀리 떠난다는 것도 환이므로 이것 역시 멀리 떠나야 하고 이 멀리 떠난다는 것도 또한 멀리 떠나서 더 이상 버리고 떠날 것이 없다면 그때 비로소 모든 환(幻)이 완전히 제거된 것이며 그때 비로소 우리 모두가 본래부터 지니고 있는 깨침의 묘한 마음이 자연히 드러난다.

환의 마음으로 환을 버리는 수행은 마치 두 개의 나무를 비벼서 불을 만들고 결국 두 개의 나무는 완전히 연소되어 아무것도 남지 않지만 그의 토대인 땅은 그대로 남아있는 것과 같다. 모든 환을 버린다고 허무나 단멸(斷滅)에 빠지는 것은 아니다.

환을 아는 것이 곧 떠남이요(知幻卽離)

환을 떠나는 것이 곧 깨침이다.(離幻卽覺)

여기에 방편과 점수는 필요 없다.

모든 것이 환이라고 알면 그것으로 즉시 환을 떠나는 것이고 환을 떠나는 것이 곧 깨침이다. 이렇게 그 자리에서 깨치면 그것이 곧 원각의 묘한 마음이다. 더 이상 닦음이 필요치 않다.

4
반야의 가르침

4. 반야의 가르침

(1) 반야심경

우리나라에서 가장 많이 암송하는 반야심경은 "관자재보살 행심 반야바라밀다시 조견 오온개공 도일체고액(觀自在菩薩 行深 般若波羅蜜多時 照見 五蘊皆空 度一切苦厄)" 즉 관자재보살은 지혜바라밀을 깊이 수행할 때 오온이 모두 공(空)임을 깨닫고 모든 괴로움을 즉시 떠났다로 시작한다.

오온은 "나"란 사람의 존재를 다섯 가지 구성요소 즉 몸(色), 느낌(受), 인식(想,perception), 업 짓는 행위(行) 그리고 분별의식(識)을 가리킨다. 관자재보살은 이 오온이 모두 공이라고 깨닫고 모든 괴로움에서 해방되었다. 반야심경은 결국 우리의 '몸과 마음'이 공임을 깨쳐야 고(苦)에서 해탈할 수 있다고 선언한 것이다. 이 반야심경은 우리 인간의 모든 괴로움은 몸과 마음 특히 마음에서 시작하여 마음에서 끝난다는 붓다의 가르침에 기초하고 있음을 알아야 한다.

붓다는 초기경전인 쌍윳따경에서 오온은 마구니(살인마)요, 질병과 괴로움의 덩어리요, 분별과 집착의 주체요 따라서 모든 괴로움의 생산주체라고 설하고 몸은 강물에 떠내려가는 거품덩어리처럼 속이 텅 빈 공이요 실체가 없는 것이라고, 느낌은 가을에 처마에서 떨어지는 물방울처럼, 인식은 여름날의 아지랑이나 신기루처럼, 업 짓는 행은 파초나무 속처럼, 분별의식은 마술사가 마술로 만든 환상(幻)처럼 속이 텅 빈 공(空)이요 실체가 없는 것이라고 확실히 깨쳐야 모든 괴로움에서 해탈한다고 설하였다.

이와 같은 오온이 모두 공(空)이라는 가르침은 반야심경에서도 계속된다. 반야심경은 나라는 인간을 구성하는 색(色), 수(受), 상(想), 행(行), 식(識)의 다섯 가지 요소 모두가 그 본질이 텅 빈 공(空)이므로 있다고 할 수 없다. 이것을 아는 것이 반야바라밀다(般若波羅蜜多)를 얻는 것이고 반야바라밀다를 얻어야 고(苦)에서 해방되어 구경의 열반(마음의 평화)을 얻을 뿐 아니라 부처님들처럼 무상의 깨달음을 얻을 수 있다.

반야는 범어로 지혜란 말이고 바라밀다는 고해인 중생의 세계인 이 언덕에서 부처님의 세계인 저 언덕에 도달한다는 말로 흔히 '완성'을 뜻한다. 그러므로 반야바라밀다는 '지혜의 완성'을 가리키는 말이다. 따라서 결론부터 말하면 오온이 모두 공함을 깨친 지혜를 완성해야 모든 고통의 바다를 건너 보살처럼 두려움과 고통이 없는 궁극적인 열반(究竟涅槃)을 얻고 모든 부처님들처럼 무상정등정각을 얻을 수 있다.

우리의 몸은 지수화풍(地水火風)이란 네 가지 요소(四大)로 구성된 인연화합체로서 그 본질과 본성이 텅 빈 공(空)이요 아무런 실체가 없으므로 있다고 말할 수 없다. 몸의 네 가지 구성요소인 물(水)을 예로 들면 물은 산소와 수소가 모여 구성된 것이다. 물의 본성은 그 구성요소인 산소와 수소에서는 찾을 수 없다. 물의 성질은 액체인데 산소와 수소는 액체가 아니고 산소나 수소를 구성하는 미립자의 성질을 보아도 액체가 아니고 미립자를 더 쪼개면 능엄경에서 말하는 허공에 가까운 물질 즉 인허진(隣虛塵)에 도달하고 인허진을 쪼개면 허공(虛空)이 나타난다. 물질의 본질은 결국 공(空)이고 이 본질인 공에서 모든 물질이 나온다. 그러므로 물질이 곧 공(色卽是空)이요 공이 곧 물질(空卽是色)이다.

몸이란 색(色)이 공인 것은 물론 수, 상, 행, 식도 마찬가지로 그 본성이 공이기 때문에 실체가 없고 있다고 말할 수 없다. 공이라는 입장에서 보면 모든 것이 생(生)함도 멸(滅)함도 없고 더러움도 깨끗함도 없다. 다시 말하면 고해인 중생의 세계에서처럼 모든 것을 두 가지로 나누어 분별하고 집착하는 일이 없다. 그러므로 색, 수, 상, 행, 식의 오온이 있지 않고 없는 것(是故 空中無色 無受想行識)이며 몸과 몸의 일부분인 눈, 귀, 코, 혀와 의식(마음)도 없다(無眼耳鼻舌身意).

더 나아가서 인식주체인 내가 보고 듣고 냄새 맡고 하는 대상 즉 모양, 소리, 냄새, 맛, 촉감, 의식의 대상도 없다(無色聲香味觸法). 이와 같이 일체가 공이면 나도 내가 상대하는 대상 세계도 모두 공으로서 있다고 할 수 없고 결국 본질상 없는 것이다. 나도 없고 대상도 없으니 나와 대상의 관계에서 생기는 즐거움, 괴로움, 두려움, 근심, 걱정, 탐욕, 분노, 집착 등의 모든 경험도 공이요 없는 것이다.

그리하여 아함시대에 설한 고집멸도가 없고(無苦集滅道) 어떻게 고가 생기고 또는 소멸하는지를 설명한 12연기법도 없다고 선언한 것이다. 연기법은 무명(無明)에서 시작하여 노사(老死)에서 끝난다. 이것이 노사와 고(苦)가 생기는 과정을 밝힌 연기법이다. 이 연기법이 없다고 부정하여 무무명(無無明) 즉 무명이 없고 무노사(無老死) 즉 늙어 죽는 것이 없다 라고 한 것이다. 12연기법에 따라 괴로움인 늙어 죽는 것을 없애려면 그 근원인 무명을 소멸시키면 차례로 소멸되어 결국 늙어 죽는 것이 소멸하여 없어진다. 연기법으로 고의 발생 과정을 알 수 있듯이 고를 소멸시키는 과정도 알 수 있다. 반야심경은 우선 고의 발생 과정을 밝힌 12연기법을 부정한다. 그러므로 무명도 없고 그것의 최종 결과인 노사(老死)가 없다고 무무명(無無明)이요 무노사(無老死)라 했다. 무명도 없고 노사도 본래 없으니 당연히 무명을 소멸시키는 것도 없고 노사를 없애는 것도 없다. 이것을 무무명진(無無明盡)이요 무노사진(無老死盡)이라고 했다.

어두우면 촛불을 켜야 하고 밝으면 촛불을 끄라는 가르침에 대하여 반야심경은 촛불 자체가 본래 없으니 켜고 끄고 할 것이 없다는 가르침과 같은 것이다.

이와 같이 일체법이 공(空)이요 따라서 나도 너도 대상도 나와 대상이 만나서 생기는 모든 경험도 다 있다고 할 수 없으므로 결국 없는 것이라고 확실히 깨달으면 지혜라는 것도 얻는다는 것도 없다. 지혜는 지혜 없음 즉 무명의 상대 개념이니 무명이 없는데 지혜가 설 자리가 어데 있겠는가. 그리하여 무지(無智) 그리고 무득(無得)이라 한 것이다.

이처럼 지혜를 완성하고 나면 마음에 분별과 집착이 모두 사라지고 허공처럼 텅 비어서 걸릴 것이 없고(心無罣碍) 그동안 우리를 괴롭혀왔던 거꾸로 된 인식과 생각 즉 전도몽상을 멀리 떠나(遠離顚倒夢想) 보살은 완전한 마음의 평화인 구경열반(究竟涅槃)을 얻고 부처님들은 이러한 지혜의 완성으로 무상정등정각을 얻는다.

그러므로 수행자들은 이 반야바라밀다의 신통한 힘을 굳게 믿고 수행해야 한다는 것이 반야심경의 가르침이다.

(2) 금강경

우리나라 선불교의 소의경전인 금강경은 붓다의 제자 수보리가 큰 깨달음을 얻고자 "수행하는 보살은 어떻게 그 마음을 항복받고 어떻게 그 마음을 간직해야 합니까"라는 질문으로 시작한다.

붓다는 보살은 이와 같이 마음을 항복받아야 한다고 답하신다. 즉 보살은 일체중생을 모두 다시는 생사윤회의 고통을 받지 않게 완전한 열반(마음의 평화)으로 인도하여 제도해야 한다. 그러나 그와 같이 중생을 제도한다고 하여도 실은 한 중생도 제도한 것이 아니다. 왜 그러한가? 수행자인 보살이 "나"라는 관념, "사람"이란 관념, "중생"이란 관념, "생명"이란 관념을 가지고 있으면 진정한 보살이 아니기 때문이다. 진정한 보살은 그러한 네 가지 관념을 비롯한 모든 관념의 상(相)을 다 떠난 수행자이다.

다시 말하면 큰 깨달음을 얻고자 수행하는 보살은 우선 일체중생을 제도하겠다는 마음 즉 보리심을 내야 하고(發菩提心) 그 다음으로 보살은 "나"라는 관념을 비롯한 여러 가지 관념(相)을 다 버려야 한다. 사람들은 태어나서부터(실은 전생부터) 대하는 모든 삼라만상을 있다-없다, 좋다-나쁘다 등 두 가지로 나누어 분별하고 판단한 관념의 상(相)을 가지고 살아간다. 이 관념의 상은 모두 주관적인 인식의 바탕 위에 세워진 그릇된 것으로 인간 간의 갈등과 투쟁의 원인이 되고 집착의 대상이 되어 모든 고통과 괴로움을 가져온다.

한국인은 까마귀가 흉한 새라고 생각한다. 까마귀가 까악 까악하고 울면 무슨 흉한 일이 생기지 않을까 하고 내심 두려워한다. 그러나 일본사람들은 까마귀를 오히려 길한 새라고 생각한다. 그러므로 까마귀는 흉하다는 관념(相)은 절대적 진실이 아니다. 그것이 진실이라면 일본사람들도 그렇게 보아야 하지만 그들은 그 반대로 본다.

그리하여 붓다는 금강경에서 인간의 고질적인 상병(相病)을 고치기 위하여 "나"라는 관념을 비롯한 여러 가지 관념의 상은 사실은 허망한 상이요 진실의 상이 아니므로 모두 버리라고 간곡하게 설하셨다. 보통사람들은 중생이란 관념의 상, 보살이란 관념의 상, 복이란 상, 깨달음이란 상, 과거현재 미래란 관념의 상 등 여러 가지 관념에 사로잡혀있다. 우리의 마음이 이러한 관념의 속박에서 해방되어야 우리의 괴로움이 소멸함은 말할 것도 없고 각성(覺性)이 드러난다.

금강경은 우리의 모든 상(相)을 버리라는 가르침이다. 우리의 관념의 상은 이름일 뿐 아무런 실체가 없다. "중생"은 이름일 뿐이지 중생이라고 부를 수 있는 고정불변의 실체가 있는 것이 아니다. 만일 중생이 불변의 실체가 있는 것이라면 어떻게 중생이 변하여 부처가 될 수 있겠는가. 중생도 마음 한번 돌려 깨치면 부처가 될 수 있는데 어떻게 중생이 변함없는 실체가 있는 존재라고 하겠는가. 보살도 마찬가지로 이름일 뿐이요 실체가 있는 것이 아니다. 보살도 수행하여 깨치면 부처가 될 수 있다. 그러므로 보살은 보살이 아니고 이름이 보살일 뿐이다.

그리하여 금강경에서 붓다는 "모든 상은 다 허망하여 실체가 없다. 그러므로 모든 상을 (실체가 있는) 상이 아니라고 보면 곧 깨쳐 여래를 볼 수 있다 즉 범소유상 개시허망 약견제상비상 즉견여래(凡所有相 皆是虛妄 若見諸相非相 卽見如來)"라고 설하셨다.

진정한 보살이 되려면 그리하여 중생을 제대로 해탈과 열반의 길로 인도하려면 그 스스로 가지고 있는 상의 병(相病)을 말끔히 제거하여 청정한 마음이 되어야 한다. 그의 마음에, 그의 의식 속에 조그마한 분별과 그것으로 얻어지는 상에 대한 집착이 조금이라도 남아있다면 그는 중생제도라는 보살행을 제대로 수행할 수 없다.

이 세상에는 얼마나 많은 무수한 중생이 존재하고 있는가. 그 모든 중생을 하나도 남김없이 모두 제도해야 한다면 어느 세월에 그들을 다 제도할 수 있겠는가. 이것은 불가능한 일이니 그것을 알게 된 수보리는 마음속으로 크나큰 의문에 빠지게 되고 그것으로 마음이 편치 않다.

그의 마음에 생긴 의문과 혼란과 괴로움을 아신 부처님은 중생이란 본질적으로 보면 공(空)으로서 실제로 있다고 할 수 없다. 다시 말하면 중생은 없다 라고 설하여 그의 중생이란 그릇된 관념을 제거한다. 중생뿐만 아니고 중생을 제도하고자 하는 나 자신도, 나와 구별되는 다른 사람도, 일정한 수명을 가진 모든 존재도 마찬가지로 그 본성이 모두 공(空)하여 실제로 존재하는 것이 아니고 따라서 있는 것이 아니다. 우리가 가지고 집착하며 살고 있는 실로 무수한 상(相)을 대표하여 이 네 가지 상(四相)의 허구성을 지적하여 그 것을 버리게 한 것이다.

상(相)이란 이 세상에 존재하는 삼라만상의 외관의 모양과 특징을 말하는데 우리들은 사물과 현상의 바깥모양의 특성을 보고 분별하고 인식하고 그 사물에 대한 고정된 생각을 갖게 된다. '시어머니'라는 상, '조폭'이란 상, '보시'라는 상, '부처님'이란 상, '불국토'란 상, '보살'이란 상, '장엄'한다는 상, '공덕'이라는 상, '깨달음'이란 상, '32상'이란 상, '불법'이란 상, '설한다'는 상, '오온'이란 상 등이 바로 그렇게 형성된 상(相)들이다.

상이란 모두 실체가 없는 그릇된 견해요 진실이 아니기 때문에 그것을 모두 버리라는 게 금강경에서 부처님이 그렇게 간곡하게 하시는 말씀이다.

부처님은 모든 상을 떠난 분이시다. 그러므로 일체의 상(相)을 떠난 사람을 부처라 부른다(離一切相 卽名諸佛)고 설했다. 중생들의 상에 대한 집착은 무수 생을 거듭하며 그들의 의식 속에 각인된 것이므로 그것을 타파하기가 결코 쉬운 일이 아니다. 그러하다고 하더라도 그것을 버려야 한다.

집착의 대상들이 모두 꿈 같고, 환영 같고, 물방울 같고, 그림자 같고, 이슬 같고, 번갯불 같다(一切有爲法 如夢幻泡影 如露 亦如電 應作如是觀)고 보아서 모든 집착을 버리라고 한다.

마음을 어디에 둔다는 말은 머문다는 말이고 마음이 어디에 머문다는 것은 결국 집착한다는 말이다. 중생을 이롭게 하고 제도함에 있어서 보살의 육바라밀 중 보시(布施)가 매우 중요한데 그것도 상이 없는 보시, 집착 없는 보시 즉 무주상 보시(無住相 布施)의 공덕이 가장 크다고 한다.

내(我)가 중생(衆生)들에게 보시(布施)를 한다는 관념 없이 하는 보시 즉 아상(我相), 중생상(衆生相), 보시의 상(布施相)이 없는 보시가 무주상 보시다. 이처럼 내가 누구를 돕는다는 추호의 생각도 없이 남에게 도움을 베풀 때 그 공덕이 가장 수승하다.

보살은 이와 같이 어디에도 집착하지 않는 마음을 가져야 한다(應無所住 而生其心). 특히 수보리를 혼란스럽게 한 것이 부처란 상과 깨달음이란 상 그리고 법을 설한다는 상이다. 눈앞에 부처님이 계시고 32상을 갖추신 부처님이 계신데 어떻게 부처님이 없다고 생각할 수 있으며 그 부처님이 분명한 말씀으로 깨치신 법을 설하시는데 어떻게 설한 법이 없다고 할 수 있는가.

부처는 32상을 갖춘 육신이 아니고 불지혜인 마음이요 형상 없는 법신이라고 바로 알아야 하고 부처님이 어떤 정해진 법으로 깨치신 것이 아니고 오히려 마음에서 모든 상을 다 비워서 아무것도 얻은 게 없었다. 그러므로 깨달음이란 것도 이름에 불과하고 또 깨닫고 얻은 바가 없으니 어떤 법을 가지고 설한 것이 아니다. 오로지 수보리 등이 가진 그릇된 상을 제거했을 뿐 실로 설한 법이 없다.

부처님은 어떤 정해진 법이 있어 무상의 깨달음을 성취하신 것이 아니다. 깨달음에는 실도 없고(無實) 허도 없다(無虛). 다시 말하면 깨달음이 있다고도 없다고도 말할 수 없다. 우리가 갖는 생각은 두 가지 중 한 가지로서 변견(邊見)에 불과하며 그것은 그릇된 관념이요 생각일 뿐이다. 마음에서 변견을 다 제거하여 비운 상태를 이름하여 무상의 깨달음이라 부른 이름에 불과하다. 그 실체가 없는 말에 불과한 상(相)에 집착해서는 깨달음을 성취할 수 없다. 그러므로 여래가 설한 일체 법이 모두 불법(如來說一切法 皆是佛法)이라고 하는 것이다. '이것 이것은 불법이다'라고 정해진 것은 결코 불법이 아니다. 다른 것이 아닌 이것만이 불법이라고 한정한 것은 결코 절대적 진리인 불법이 될 수 없다. 그러므로 모든 것이 불법이다. 이러한 시각에서 보면 교화할 자도 교화 받을 자도 없다. 보살도 중생도 없다.

마음에서 모든 분별의 관념을 버리고 버려서 공적(空寂)한 마음을 얻으면 (그러한 마음이 되면) 그리하여 나도 대상도 그것으로 얻는 경험이 모두 없어지면 그때 불지혜(佛智慧)가 스스로(자연히) 나타난다.

불지혜(불성/진여)는 구하여 얻는 게 아니고 분별의 상으로 오염된 마음만 비워서 청정(淸淨)해지면 그대로 드러난다.

그때 드러나는 마음이 공적(空寂)하고 모든 것을 밝게 아는 「앎」 자체로서 묘한 깨달음의 밝음(밝은 마음) 자체다. 즉 묘각명체(妙覺明體)이다. 그것이 불성이요 불지혜요 진여의 마음이다.

40여 년 이상 매일 금강경을 독송하신 해안스님 말씀처럼 금강경은 우리에게 모두 잘사는 법을 설한 경이다. 잘사는 법은 우리가 가진 모든 상병(相病)을 치유하여 없애면 우리 누구나 본래부터 건강한 바로 그 사람이 되는 것이다.

5
선불교의 가르침

5. 선불교의 가르침

　우리나라 조계종은 간화선을 위주로 하는 선불교로서 중국의 임제의현대사에 의해 창시된 임제종(臨濟宗), 그 중에도 특히 양기파의 가르침을 이어받았다고 한다. 그러므로 여기에서는 인도로부터 중국에 선불교를 최초로 전한 달마대사의 가르침과 황벽희운스님과 그의 제자 임제의현스님의 가르침이 무엇인지 그 핵심만 소개하고자 한다.

　중국에 선불교를 전한 달마대사의 가르침은 2조 혜가와 5조 홍인을 거쳐 6조 혜능에 이르러 5가 7종으로 크게 융성하게 되었다. 달마는 본성을 보는 것이 선이요 본성을 보지 못하면 선이 아니라고 하면서 당시 경학(經學)을 위주로 한 중국 불교수행을 마음의 본성을 깨우치는 것을 궁극적 목적으로 한 면벽수행으로 바꾸어놓았다.

그는 혈맥론에서 "부처를 찾고 싶으면 반드시 너의 본성을 보라. 누구든 견성(見性)하는 사람이 부처다."라고 말했다.

마음이 곧 부처다(卽心是佛). 마음이란 네가 물을 때 그것이 너의 마음이고 내가 대답할 때 그것이 나의 마음이다. 네가 어데서 무엇을 하던 그것이 너의 마음이고 너의 진짜 부처다. 이 마음을 떠나서 부처란 없다. 마음의 본성은 자기가 항상 지니고 있는 영묘하게 스스로 아는 성품(靈覺之性)이다. 이 마음은 부처도 중생도 똑같이 가지고 있으므로 중생과 부처는 하나도 다르지 않다. 다만 다른 것은 그의 본성을 보지 못한 사람이 중생이고 부처는 그것을 본 사람이라는 것이다. 중생의 본성이 불성이고 중생의 본성을 떠나서 따로 부처는 없다. 부처는 우리의 본심(本心)이므로 형상도 없고 인과도 없고 마치 허공과 같다. 그러므로 그것을 붙잡고 싶어도 잡을 수 없다.

달마는 깨달음을 얻고자 하는 사람에게 가장 중요한 수행법은 오직 마음을 관(觀)하는 것이라며 마음은 삼라만상의 근본이요 삼라만상은 오직 마음에서 생긴다고 하였다.

불성이란 각성(覺性/awareness)으로 우리는 누구나 다 본래부터 가지고 있는 것이지만 무명에 가려 그것을 보지 못하고 해탈하지 못한다.

　중국의 황벽선사는 전심법요(傳心法要)에서 "한마음(一心)을 깨치면 부처다. 모든 부처와 중생은 오직 이 한마음뿐 다른 법은 없다."고 말했다.

　이 마음은 생긴 적도 멸한 적도 없고 청색도 황색도 아니고 형상도 모양도 없고 긴 것도 짧은 것도 아니며 큰 것도 작은 것도 아니다. 그것을 알고자 생각이 움직이면 즉시 어긋난다. 그것은 마치 허공 같아 가없고 헤아릴 길이 없다.

　누구나 다 가지고 있는 이 한마음이 곧 부처다. 그러므로 부처와 중생이 다르지 않다. 오직 생각과 망념을 쉬면 부처가 스스로 나타난다.

　불도를 닦는 사람이 자기 마음 가운데서 깨치지 않고 마음 밖에서 상에 집착하고 경계를 취하면 점점 불도에서 멀어진다. 이 마음은 무심의 마음(無心之心)이다. 일체의 상(一切相)을 떠난 마음으로 중생이나 부처가 전혀 다르지 않다. 무심이란 일체의 마음이 없음이다. 부처님께서 항하의 모래를 비유로 말씀하셨듯이 갠지스강가의 모래는 불보살이 지나간다고 기뻐하지도 않고 개, 돼지가 지나가도 화내지 않는다. 금은보화가 지나가도 탐애하지 않고 똥, 오줌 같은 오물이 지나가도 싫어하지 않는다.

이러한 마음이 바로 무심의 마음이다. 단지 그냥 무심하기만 하면 된다. 무심하려고 마음 쓰고 애쓰면 오히려 마음이 있게 된다.

이 무심의 마음, 허공처럼 텅 빈 마음이 본래부터 청정한 마음으로 항상 뚜렷이 스스로 두루 비추고 있다.(常自圓明偏照)

사람들이 이것을 알지 못하고 매일 쓰고 사는 보고 듣고 느끼고 아는 것(見聞覺知)을 마음으로 알기 때문에 이 생멸심에 가려 정밀하고 밝은 본체를 보지 못한다. 그러므로 견문각지의 마음을 텅 비워 버리면 즉 곧바로 무심하면 이 밝은 마음의 본체가 스스로 드러난다.

견문각지의 생멸심(生滅心)이 항상 뚜렷이 스스로 비추고 있는 본심과 전혀 다른 별개의 것이 아니다. 본심이 바다라면 견문각지의 마음은 바다에서 생기는 파도와 같은 것이다. 그러므로 견문각지의 주인공이 바로 부처라고 한다.

황벽선사의 제자인 임제선사는 임제록에서 보통사람들이 부처가 자기 밖에 있는 줄 알고 밖으로 찾아 헤매는 마음을 쉴 수만 있다면 부처를 즉시 볼 수 있다고 하면서 "부처는 다름 아니고 지금 내 앞에서 법문을 듣고 있는 바로 그 사람이다."라고 하였다.

우리의 몸도 법을 설하거나 들을 줄 모르고 비위간담도 그러하고 허공도 그러하다.

그러면 법을 설하거나 들을 수 있는 것은 지금 눈앞에 역력하고 뚜렷한 아무 형체도 없이 홀로 밝은 이것이다. 이와 같은 것을 알면 부처님과 다르지 않다. 육신을 조종하는 것은 우리의 마음이다. 이 마음은 모든 부처의 근본이다.

서산스님은 "여기에 한 물건이 있으니 본래부터 한 없이 밝고 신령하여 일찍이 생긴 것도 아니고 일찍이 없어진 것도 아니다. 이름 지을 길 없고 그 모양 그릴 수도 없다."라고 『선가귀감』에서 말씀하셨다. 이것이 무위진인(無位眞人)이요 이름도 없고 모양도 없는 한 물건이다.

본래 하나의 정밀하고 밝은 것이 여섯 갈래로 나누어져 작용한다. 눈에 가면 보게 되고 귀에 가면 들을 수 있고 코에 가면 냄새를 맡는다.

이 한마음조차 없는 줄 알면 어디서든지 해탈한다. 한마음은 허공 같은 텅 빈 마음(空心)이다. 텅 빈 것을 어떻게 있다고 할 수 있겠는가. 그것을 있다고 생각하고 그에 집착하면 오히려 장애가 된다. 그러므로 한마음조차 없는 줄 알라고 한 것이다.

부처란 이미 되어있는 것이다. 없는 것을 새로 만들어서 되는 것이 아니다. 우리가 알건 모르건 우리 모두가 본래 부처임은 틀림없다. 다만 자기가 부처라는 것을 스스로 깨닫기만 하면 된다.

그러므로 그것을 모르고 밖에서 찾느라 애쓸 필요가 없다. 현재의 이 모습 그대로 인연 따라 살면 그만이다. 배고프면 밥 먹고 피곤하면 쉬고 잠 오면 자고 기쁘면 웃고 슬프면 우는 있는 그대로의 그 사람이 바로 부처라는 것이다.

"부처"라는 것도 이름일 뿐이요 실체가 없는 말일 뿐이다. 임제대사의 "무위진인"이란 것도 이름일 뿐이다. 흔히 보통 사람들은 금불상을 보고 그에 집착한다. 그 금불상의 실체가 없음을 일깨워주기 위해 그것의 원료인 금을 보라고 하면 금이 실체적 존재라고 또 집착한다. 그것 역시 실체가 없는 존재임을 일깨워주기 위해 금의 본성이 공(空)이라고 말하면 또 이 말에 집착한다. 그러나 텅 비어 허무한데 거기에 어떻게 차별의 이름을 붙일 수 있겠는가.

그러므로 모든 것에 대하여 있느니 없느니 따지지 말고 둘로 나누어 분별하는 상대의 입장을 초월하며 동시에 그것을 다 포용하는 절대적인 입장을 가져야 한다. 그렇게 할 때 바로 부처가 된다.

5조 홍인은 자기의 본성을 깨치는 것은 전쟁터에서 칼을 휘두르며 싸우는 한순간에도 가능하다고 말하였다. 홍인 문하에 들어와 수행다운 수행 한번 못하고 오직 부엌에서 쌀만 찧고 있던 23세의 제자 혜능은 8개월 만에 견성하고 5조 홍인으로부터 달마 이래 전해오던 의발을 전수받고 6조가 되었다. 이때까지만 해도 스승의 말 몇 마디 듣고 곧바로 견성하는 것이 보통이었다.

견성은 경전을 많이 읽고 분별하는 생각으로 하는 것이 아니고 마음으로 직접 체험하는 것이기 때문에 선문의 가르침에서는 생각을 차단하고 불성을 일깨워 주는 말이나, 고함, 또는 질문하는 제자를 밀치거나 때리는 여러 가지 방법이 동원되었다.

황벽대사의 제자인 임제는 입문한 지 3년이 지나서 불법의 대의가 무엇이냐고 세 번 스승에게 물을 때마다 몽둥이로 얻어맞았다고 한다. 그리하여 그는 그곳을 떠나 대우(大愚)스님을 찾아가서 그에게 자초지종을 얘기하며 자기가 무엇을 잘못해서 그렇게 얻어맞았는지 모르겠노라고 말했다.

황벽스님이 그렇게도 자비를 베풀어 가르쳤는데도 그것을 모르고 자기의 잘못이 무엇인지 모르겠다고 하느냐고 반문하는 대우스님의 말 한마디에 임제는 드디어 견성하게 된다. 그러면서 임제는 황벽의 불법이 별개 아니구만 하고 말했다. 그 말을 들은 대우스님은 네가 무슨 진리를 얻었길래 그리 우쭐대며 황벽의 불법이 별것 아니라고 말하느냐며 임제를 붙잡고 말해보라고 다그치자 임제는 말로 대답하는 대신 대우스님의 옆구리를 세 번 주먹으로 때렸다고 한다. 황벽에게 돌아오자 그를 본 스승은 "이 놈은 오더니 가고 가더니 오는구만. 언제 이것을 멈추겠느냐."고 하자 제자 임제는 대우와의 일을 전부 얘기했다. 그러자 황벽은 다음에 대우를 만나면 실컷 때려주어야겠다고 말했다. 그러자 임제스님 왈 뭐 다음까지 기다릴 게 있느냐며 스승인 황벽스님의 뺨을 때렸다고 한다.

이 사례가 간화선(看話禪)법이 등장하기 전까지 선문에서 견성을 위하여 쓰던 방법을 잘 보여준다. 그러다가 어느 때부터인가 화두(話頭)라는 것이 견성을 위한 주된 수행법으로 등장하여 지금까지 이어지고 있다. 황벽스님이 속가 제자 배휴에게 준 가르침 속에 화두수행법이 등장하고 있음을 보면 화두가 수행법으로 그때 이미 자리잡고 있었던 것 같이 보인다.

누가 조주선사에게 개에게도 불성이 있습니까 하고 묻자 그는 "무(無)"하고 대답했다고 한다. 이것이 그 유명한 "무"자 화두이다.

우리나라의 효봉스님은 일상생활 속에서도 항상 "무라" 하며 화두를 들었다고 한다. 모든 중생에게 불성이 있다고 부처님이 말씀했으므로 당연히 개에게 불성이 있을진대 왜 조주는 없다는 뜻의 무(無)라고 대답했을까? 이러지도 못하고 저러지도 못하는 상황에 놓이게 되는 수행자는 큰 의문에 빠져들게 된다. 수행자는 이 의문만을 붙들고 24시간 씨름하게 된다고 한다. 그렇게 의문 자체가 된 수행자는 그것으로 모든 생각과 번뇌 망상이 제압되고 일극집중 상태에서 우연히 근처에서 울리는 종소리를 듣던가 또는 다른 어떤 계기로 이른바 화두가 타파되며 큰 견성의 체험을 한다고 한다.

달마가 전한 불법이 무엇인가 하고 묻는데 판치생모(앞 이빨에 난 털)라고 한 말도 화두의 하나이다.

이러한 선불교의 가르침은 ① 교외별전(敎外別傳) 즉 경을 통한 가르침 외에 특별히 전한 가르침이요 ② 불입문자(不立文字) 즉 글이나 문자에 의존하지 않는 가르침이요 ③ 직지인심(直指人心) 즉 사람의 마음을 곧바로 가리켜 ④ 견성성불(見性成佛) 즉 마음의 본성을 깨쳐 성불하는 것으로 요약된다.

6
묘법연화경의 가르침

6. 묘법연화경의 가르침

(1) 무량의경

무량의경, 묘법연화경, 불설보현보살행법경을 법화3부경이라 부른다. 법화3부경의 하나인 무량의경은 묘법연화경을 설하시기 전에 설하신 경이다. 무량의경은 덕행품, 설법품 그리고 10공덕품의 세부분으로 구성되어있다. 덕행품은 석가모니부처님의 덕을 칭송한 것이고 마지막 10공덕품은 무량의를 수행함으로서 얻는 10가지 공덕을 설한 것이다.

설법품은 대장엄보살의 "어떤 법문을 수행해야 속히 정등정각을 얻을 수 있습니까?"하는 질문에 대하여 부처님께서 속히 깨달음을 성취할 수 있는 법문이 곧 "무량의(無量義)"라는 것이라고 대답하시면서 그 수행법을 설명하신 것이 설법품이고 그것이 무량의경의 핵심을 이루고 있다.

무량의를 닦고서 깨달음을 얻고자 하면 일체 모든 법이 본래부터 그 성품과 모양이 공적(空寂)하여 큰 것도 작은 것도 없고(無大無小) 생도 멸도 없어(無生無滅) 마치 허공 같이 두 가지 법이 없다고 관찰해야 한다.

일체 삼라만상의 본성은 물론 그 모양까지도 공(空)하여 대소(大小)의 구별, 생멸(生滅)의 구별이 없으니 그렇게 깨달아야 한다. 일체법이 공하여 두 가지가 없음에도 불구하고 중생들이 헛되게 착각하여 "이것이다" "저것이다", "이것은 이익"이고 "저것은 손실"이다 하고 분별하는 결과로 여러 가지 악한 업(業)을 짓고 육도윤회(六道輪廻)하며 혹독한 고통을 받으면서도 그에 갇혀 헤어나지 못하고 있다.

수행자인 보살은 우선 삼라만상의 본질이 이처럼 공하여 두 가지로 분별할 것이 없음을 깨달아야 하고 그 다음은 중생들이 그러한 분별과 집착으로 나쁜 업을 짓게 되고 그 결과 혹독한 괴로움을 받으며 그 속에서 헤어나지 못하고 비참한 생활을 하고 있음을 알아야 한다. 이렇게 관찰하고 깨달은 후에 보살은 중생에 대하여 연민의 마음과 대자대비심을 일으켜 그들을 고통에서 구제해야 한다.

그러한 구제의 보살행을 하려면 우선 삼라만상이 매순간 생(生) 주(住) 이(異) 멸(滅) 즉 생겨났다, 잠시 머물고, 머무는가 싶으면 곧 변하여 소멸하는 것을 깊게 파악하여 이해하고 그 다음으로 구제의 대상이 되는 중생들의 성품과 욕망을 또한 파악해야 한다. 중생들은 성품도 욕망도 천차만별로 다 다르기 때문에 그들을 구제하기 위한 설법 역시 무량하고 설법의 뜻도 무량하다는 것을 알아야 한다.

무량의(無量義) 즉 "뜻이 무량하다"는 이 경의 이름은 이것을 드러낸 말이다. 그러나 이처럼 헤아릴 수 없는 많은 뜻은 무상(無相)이란 한 가지 진리에서 생겨났다. 헤아릴 수 없는 많은 사물과 현상, 헤아릴 수 없이 많은 중생의 성품과 욕망, 그리고 그들을 위한 헤아릴 수 없이 많은 설법의 뜻은 모두 "무상(無相) 즉 모양 없음"이란 한 가지 진리에 근거하고 있다.

무상이라는 것은 "상이다 상이 아니다가 없는 것(無相不相)"이며 "상이 있다 상이 없다가 아닌 것(不相無相)"이며 이것을 삼라만상의 진짜 모습 즉 실상(實相)이라 부른다. 즉 무상이란 말은 단순히 "상이 없다"는 것을 가리키는 것이 아니고 상이 있느니 없느니, 상이니 상이 아니니 하는 모든 분별을 초월한 무분별의 경지를 지칭하는 것이며 이것이 삼라만상의 실상이다. 단순히 무상(無相) 즉 상 없음을 진리라 하면 그것은 상 있음(有相)의 반대가 되는 것으로 반쪽짜리 진리일 뿐이다. 절대적 진리가 되려면 모든 상대적 개념을 다 초월해야 한다. 그때 그것이 진정한 의미의 실상(實相)이 된다.

그러므로 무상불상(無相不相)을 "상이 없고 상이 아닌 것"으로 불상무상(不相無相)을 "상이 아니고 상이 없고"로 잘못 해석하면 안 된다. "무상불상"은 상이다(是相) 상이 아니다(不相)가 없는 것(無)으로 해석하고, "불상무상"은 상이 있다(有相) 상이 없다(無相)가 아닌 것(不)이라고 해석해야 맞다. 그것은 "상이 있다 상이 없다" "상이다 상이 아니다"를 모두 부정하고 초월하는 것으로 그것이 실상이다.

보살은 삼라만상과 중생의 실상을 깨닫고 그에 근거하여 무수한 중생의 욕망과 성품에 맞추어 그들을 고해에서 제도하기 위한 여러 가지 법을 설하여 중생을 이익케 하고 편안케 한다. 이와 같이 무량의로 수행하면 반드시 크고 바른 깨달음을 속히 성취할 수 있다는 것이 무량의경의 가르침이다.

무량의경은 한량없는 공덕과 불가사의한 힘이 있어서 중

생으로 하여금 속히 무상정등정각을 이루게 한다.

특히 열 가지 불가사의 공덕과 힘이 있다고 하는데 그것은 다음과 같다.

첫째 공덕은 사람의 마음을 바꾸는 힘이다.

아직 발심하지 못한 사람에게 보리심을 일으키게 하고, 잔인한 사람의 마음을 인자한 마음으로, 살생을 좋아하는 사람의 마음을 대비심으로, 시기 질투심을 함께 기뻐하는 마음으로, 애착의 마음을 버리는 마음으로, 탐욕의 마음을 베푸는 보시의 마음으로, 교만한 마음을 겸손한 마음으로, 화내는 마음을 화내는 마음을 주시하고 관하는 마음으로, 게으르고 나태한 마음을 정진하는 마음으로, 산만한 마음을 정신 집중하는 마음과 선정의 마음으로, 어리석고 미망의 마음을 지혜의 마음으로, 악행의 마음을 선행의 마음으로, 번뇌의 마음을 번뇌가 멸한 마음으로 바꾸는 힘이 있다.

탐욕스럽고 어리석고 화내고 남을 해치는 등 나쁜 마음을 남을 돕고 남에게 베풀고 착한 인자한 마음으로 자기 스스로의 힘으로 바꾼다는 것은 불가능하다. 그러나 무량의 경을 수지, 독송, 해설, 서사하면 이 경의 위신력의 공덕으로 쉽게 바꿀 수 있다. 이것이 첫 번째의 공덕이다.

두 번째의 공덕은 무량의경을 독송하고 한 구절이라도 듣는다면 백천억의 뜻에 통달하되 한량없는 무수겁에 받아 가진 법을 연설해도 다하지 못한다.

세 번째 공덕으로 아직 자신은 깨달음을 얻지 못하고 제도되지도 못했지만 중생을 제도할 수 있는 능력을 가진다. 그것은 마치 몸에 병이 있어 자신은 움직이지 못하지만 튼튼한 자기의 큰 배를 다른 사람들에게 빌려주어 삶과 죽음의 고통스러운 이 언덕에서 평화와 열반의 저 언덕으로 건너가게 하는 것과 같은 것이다.

네 번째 공덕은 부처님의 위신력으로 부처님의 비밀한 법에 깊이 들어가서 연설하게 되므로 비구, 비구니, 우바새, 우바이 등 사부중과 팔부신중들이 다 받들고 우러러 보는 바가 된다. 그러므로 그는 대보살들의 대열에 합류하여 그들과 한 권속이 된다.

모든 부처님들이 이 사람을 항상 보호하시고 염려하며 넘치는 사랑으로 감싸준다. 그리고 이 사람을 향하여 법을 설해준다. 이것이 네 번째의 불가사의 공덕이다.

다섯 번째 공덕은 아직 번뇌에 빠져있고 범부의 소견에

서 벗어나지 못했지만 큰 깨달음의 도를 나타내어 보인다. 그리하여 중생들이 그를 믿고 기쁘게 따른다.

여섯 번째의 공덕은 본인은 아직 번뇌를 지니고 있지만 중생을 위해 법을 설하면 번뇌와 생사를 멀리 떠나게 하고 일체의 괴로움을 끊게 한다.

아직 8지(八地)보살인 부동지(不動地)까지는 얻지 못했으나 부처님께 의지하여 이와 같은 부처님의 교법을 알기 쉽게 설하여 중생들이 번뇌를 끊고 불법을 깨닫고 도과(道果)를 얻게 한다.

일곱 번째의 공덕은 무량의경 수행자가 비록 육바라밀을 닦고 행하지는 못했어도 육바라밀의 공덕이 자연히 앞에 나타나서 곧 나고 죽음이 없는 무생법인(無生法忍)을 얻고 생사(生死)의 번뇌를 일시에 끊어버린다. 그리하여 칠지(七地)의 대보살 지위에 오르게 된다.

여덟 번째의 공덕은 이 경의 수지 독송자의 교화를 받은 사람들은 무량의경의 위신력(威神力)으로 곧 높은 지위의 보살이 된다.

아홉 번째의 공덕으로 이 경을 수지, 독송, 해설, 서사하는 사람은 곧 전세의 업장과 남은 죄의 무거운 장애가 일시에 소멸한다. 그리고 삼계 중생들이 받고 있는 모든 혹독한 고뇌를 다 없애주고 해탈케 한다.

열 번째 공덕은 마침내 보살의 최고위인 법운지(法雲地)에 이르러 머물게 된다.

그는 중생을 따뜻하게 보살펴주면서 여러 가지 진리의 법약(法藥)으로써 모든 중생에게 인정을 베풀어 모두를 편안하고 즐겁게 한다. 그리하여 괴로운 중생들을 거두어 깨달음의 자리에 들어가게 한다. 그러므로 오래지 않아 무상정등정각을 성취하게 된다.

이와 같이 무량의경은 큰 위신력이 있다.

능히 모든 범부로 하여금 모두 성인의 과를 이루어 영원히 삶과 죽음을 여의게 하고 자재(自在)함을 얻게 한다.

(2) 드디어 묘법을 만나다

지금까지 아함, 방등, 반야, 선불교의 가르침을 지나 드디어 부처님께서 지금까지 설한 모든 경전의 왕이요 누구나다 부처가 될 수 있게 하는 유일한 묘법인 법화경에 도달하였다.

천태지자 대사의 교판해석에 의하면 부처님께서 보리수 밑에서 위없는 큰 깨달음을 이루시고 처음에 설하신 것이 화엄경이라 한다. 화엄경은 부처가 되기 위한 보살수행의 단계를 설한 것이 주된 내용인데 그때는 그것을 알아듣는 사람들이 없었다고 한다.

그리하여 부처님은 사람들의 근기에 맞게 방편으로 낮은 단계의 가르침에서부터 시작하였다. 그것이 12년간의 아함시대의 가르침으로 지금도 태국, 스리랑카 등 동남아시아의 불교로 자리 잡고 있다.

그 이후 방등시대를 계기로 일어난 대승불교의 입장에서는 아함시대의 가르침을 소승불교라고 부른다. 아함시대의 가르침은 중생들의 괴로움을 소멸시킴에 주안점을 두고 고의 원인이 되는 나에 대한 집착을 비롯한 여러 가지 대상에 대한 집착을 떠나 마음의 평화를 얻는 데 중점을 두고 있다. 그 때의 가르침이 네 가지 고귀한 진리인 사성제(四聖諦)와 12연기법인 것이다. 그리고 이러한 가르침에 따라 수행한 사람들을 성문승과 벽지불승이라 불렀다. 이들, 특히 성문승은 수행으로 부처가 되는 것이 아니고 기껏 아라한이 되는 것이다.

그 다음에 등장하는 것이 방등의 가르침이다. 방등경전으로 특히 유명한 것이 유마경인데 그 주제가 소승수행자들을 대승의 수행자인 보살로 인도하는 것이다.

이러한 방등의 가르침이 대략 8년 동안 이어졌다고 하며 그리고 공(空)의 가르침으로 유명한 반야계통의 가르침이 22년간 이어진다. 우리나라, 일본, 과거 중국에서 크게 융성한 선불교의 수행자들이 많이 의지했던 금강경과 반야심경이 반야시대의 대표적인 경전이다.

아함시대의 가르침이 괴로움의 주체인 내가 없다(無我)는 것을 주로 가르친 것이었다면 반야시대의 가르침은 경험의 주체인 나(我)도 없지만 대상인 색성향미촉법(色聲香味觸法)도 없고 그것을 인식하는 기관과 인식하는 마음도 없고 그것을 통해서 얻는 괴로움과 즐거움 등 모든 경험도 없다고 부정한다.

반야시까지 약 40여 년간의 가르침으로 중생들이 갖는 나에 대한 집착, 대상에 대한 집착, 즐거움과 괴로움 등 모든 경험에 대한 집착을 멀리 떠나게 하기 위하여 나, 대상, 경험 등의 본성이 공(空)하여 실제로 있다고 할 수 없다고 모두 부정했다.

그리고 드디어 부처님이 열반하시기 전 마지막 7년 동안 보리수 밑에서 부처님께서 깨달으신 진실 즉 사람은 누구나 다 불지혜를 가지고 있으며 사람은 누구나 다 본래 부처라는 사실을 천명한 묘법연화경을 설했다. 그리고 열반하시기 전 하루 동안 열반경을 설하시면서 부처님의 교화불사는 끝났다. 이러한 사실을 부처님께서 무량의경에서 스스로 밝히셨다.

"내가 스스로 도량보리수 아래 6년을 단정히 앉아서 위없이 높고 바르며 크고도 넓으며 평등한 깨달음을 얻었느니라. 부처님의 눈으로써 일체 모든 법을 관하였으되 가히 베풀어 설할 수 없었나니 그 까닭이 무엇인가 하면 모든 중생의 성품과 하고자 하는 것이 같지 아니함일세. 성품과 하고자 하는 것이 같지 아니함으로 가지가지 법을 설하되 방편의 힘으로써 하였으며 40년 동안 진실을 나타내지 아니하였느니라. 이런 까닭으로 중생이 도를 얻음에도 차별이 있어 빨리 위없는 깨달음을 얻지 못하니라."

처음에 성문을 구하는 사람들을 위하여 4제법을 설했고 중간에 곳곳에서 벽지불을 구하는 사람들을 위하여 12인연법을 설했으며 그 다음에 보살을 위하여 방등의 12부경과 마하반야의 가르침을 설하였다고 한다.

지금까지 부처님의 설법의 흐름을 보면 첫째로 중생들이 고통 받고 있는 현실을 보니 모두 나에 대한 집착과 대상이 주는 쾌락에 대한 집착으로 고통 받고 있다. 그들은 모두 나도 대상도 실제로 있다고 믿고 집착한다. 그리하여 아함시에는 주로 내가 없다(無我)는 것을 가르쳐 나에 대한 집착을 떠나게 하였고 그 다음 반야시에 와서 나는 물론 대상과 경험까지도 모두 그 본성이 공(空)하여 있다고 할 수 없으므로 그것들도 모두 없다고 가르쳐 모든 집착을 떠나게 하였다. 다시 말하면 중생이 모든 것이 실제로 존재하고 있다(有)고 믿는 것에 대하여 아함에서 반야까지의 가르침에서 모든 것이 공하여 있다고 할 수 없다. 모든 것이 무(無)라고 가르쳤다. 그리고 마지막 단계의 궁극적인 제법실상의 가르침인 법화경에 와서는 있는 것도 아니고 없는 것도 아니라고(非有非無) 가르치게 된다. 이것이 묘법연화경의 여래수량품에서 말한 중도실상의 법문이요 여실지견(如實知見)의 가르침이다.

앞에서 선불교의 가르침을 따로 소개한 것은 지금 우리나라 불교의 주류를 이루고 있는 가르침이요 수행법이기 때문이다. 아함에서 반야까지의 가르침은 중생들의 괴로움의 원인이 되는 집착을 떠나게 하는 것이 주된 목적이지 그들로 하여금 자기가 본래 부처라는 진리를 깨치게 하는 것이 아니다. 그 점은 선불교도 마찬가지다. 선불교는 스스로 견성성불(見性成佛)을 표방하지만 선불교의 교조인 마하가섭의 경우를 보면 묘법연화경에서 무수겁의 생을 거쳐 무수한 부처님을 만나서 공양하고 그들 부처님 밑에서 정법을 배우고 범행을 닦고 보살의 수행을 마친 다음에야 비로소 성불할 것이라는 수기를 받는다. 그러므로 견성한다고 곧바로 성불하는 것은 아니다. 또한 능엄경에 보면 이미 견성의 체험을 한 수행자들이 미래에 성불할 것이라고 부처님이 말씀하신다. 이것을 보아도 견성이 곧 성불이 아니라는 것을 알 수 있다.

성불은 오직 묘법연화경을 수지하고 독송할 때 비로소

가능하다는 것이 부처님의 말씀이다.

아주 오랫동안 법화경을 연구하고 범어본 법화경을 최초로 영역한 Kern본을 우리말 묘법연화경으로 번역하고 그것을 토대로 "법화신행"이란 해설서(총 15권)를 저술한 우인(愚仁)선생은 "부처님의 모든 가르침 중 바로 부처되는 교법은 오직 하나 바로 묘법연화경 뿐입니다. 화엄이 비록 대승이긴 하나 화엄에서는 직접적인 성불이 아닌 보살행을 이야기하고 있고 아함, 방등, 반야는 소승이기에 더 언급할 가치가 없습니다. 오직 법화만이 바로 부처가 되는 가르침입니다. 즉 묘법연화경을 지니면 근기에 상관없이 누구나 바로 부처가 됩니다."라고 법화신행 1권(출판사 유마북, p460)에서 지적하고 있다. 우리나라에서는 방등과 반야의 가르침을 대승이라고 보는것이 일반적이지만 우인 선생은 방등과 반야도 아함과 마찬가지로 바로 성불하는 것이 아니기 때문에 소승으로 보는것이라고 한다.

묘법연화경 여래신력품은 법화경이 있는 곳, 법화경을 수지독송하는 곳에 응당 탑을 쌓고 공양하라고 한다. 그곳이 바로 도량으로서 모든 부처님들이 무상정등정각을 얻는 곳이요 법륜을 굴리는 곳이며 반열반에 드시는 곳이기 때문이다.

묘법연화경이 바로 부처가 나는 도량이니 법화경을 받아지니면 곧 성불하게 된다는 것은 법화경 곳곳에서 발견할 수 있다. 모든 사람들이 본래 부처임을 자각하게 하는 법화 수행이 이른바 일불승(一佛乘)이다. 누구나 다 본래 부처이며 모두 불지혜를 가지고 있다는 법화경이라는 묘법(妙法)은 믿기도 어렵고 들어가기도 어렵다. 그러므로 식견이 얕고 지혜가 없고 아견이 강하고 세상의 욕망에 깊이 집착한 사람들에게 묘법연화경을 함부로 설하지 말라고 한 것은 그들이 들어도 이해하지 못할 뿐만 하니라 그들이 경을 비방하는 죄업을 짓게 되고 그 때문에 지옥이나 축생 같은 악도에 떨어지기 때문이다. 특히 중생들의 사량분별(思量分別)로는 묘법을 이해하기 불가능한 것이어서 그들로 하여금 불지혜가 있음을 열어서(開) 보여주고(示), 그것을 깨닫게(悟) 하고, 그것에 들어가게(入) 하기 위하여 부처님이 이 세상에 출현하신 것이다. 이것이 부처님이 세상에 출현하신 유일한 이유(一大事因緣)이다.

그리하여 부처님께서는 법화경에서 가장 중요한 것이 법화경을 믿고 받아들이는 것이라 말씀하셨다. 성문 중 지혜 제일이라는 사리불도 믿음으로 들어왔으며 다른 모든 수행자들도 부처님 말씀을 믿고 법화경을 수지, 독송하는 것이지 그들의 지혜로서 들어온 것이 아니라는 것이다.

법화경 묘법에 따라 수지 독송하는 수행으로 자기가 불지혜를 가진 본래 부처라는 것을 자각하는 데는 네 가지 힘의 작용이 있어야 한다. 첫째가 믿는 힘(信力)이다. 수행자가 묘법연화경을 설하신 부처님과 묘법을 굳게 믿는 힘이다. 두 번째는 수행의 힘(修行力)이다. 법화경을 수지 독송하고 해설 서사하는 법화수행에 정진하는 힘이다. 세 번째 힘은 대자대비심으로 중생을 제도하는 부처님의 힘(佛力)을 말한다. 중생들에게 부처의 지혜를 보여서 깨치게 하고 또 불지혜에 들어가게 하는 부처님의 힘이 불력(佛力)이다. 법화 수행자를 항상 보호하시고 금생에서 명을 마칠 때 일천 부처님이 나타나 도솔천의 미륵보살 처소로 인도하는 것 역시 불력이다.

마지막 네 번째 힘은 묘법연화경이 갖는 힘 즉 법력(法力)으로 중생으로 하여금 불지혜인 일체종지(一切種智)를 얻게 하고 중생들을 고통에서 구제하고 그들로 하여금 소원하는 바를 성취하게 하며 또 그들의 탐·진·치, 교만, 질투 등 나쁜 마음을 소멸시켜 그 괴로움을 받지 않게 하는 등의 힘을 말한다.

그런데 자력(自力)인 믿는 힘과 수행력이 법화수행의 토대로서 이것이 크면 클수록 불력과 법력이 따라서 커진다. 그중에서도 제일 중요한 것이 믿는 힘 즉 신력(信力)이다. 굳건한 믿는 마음이 없으면 법화경을 접해도 수지 독송하는 마음이 생기지 않으며 어떻게 하여 억지로 수지 독송을 시작했다고 해도 계속할 수 없게 된다.

우인선생은 법화경의 이해와 해설의 편의상 묘법연화경을 분신불(分身佛)이 설한 분신묘법(分身妙法:서품~법사품)과 본신불(本身佛)이 설한 본신묘법(本身妙法:견보탑품~종품)으로 구분하고 특히 말세 말법시대의 중생들이 즉신성불(卽身成佛)하는 유일한 길이 본신묘법이라고 한다.

불교의 최종목표인 성불은 자력으로는 불가능하고 오직 석가모니부처님의 대신력(大神力) 즉 절대타력(絶對他力)에 의지해야 이룰 수 있다는 것이다. 용녀(龍女)가 즉신성불한 것도 부처님의 위신력을 입었기 때문이라고 한다.

분신묘법에서 부처님은 사리불, 마하가섭 등 많은 성문들에게 미래에 성불할 것이라고 수기를 준다. 그 수기의 내용을 보면 무수히 많은 생을 거듭하며 무수히 많은 부처님들을 만나고 그 부처님들 밑에서 보살도를 닦은 다음에 비로소 성불할 것이라 한다. 성불하는데 이렇게 오랜 시간이 걸리는 것을 보통 3아승지겁이 소요된다고 한다. 그리하여 특히 시대가 혼탁하고 탐·진·치의 삼독(三毒)으로 번뇌가 극심하고 중생의 근기가 하열하고 여러 가지 분별로 생긴 견해로 서로 다툼이 심하고 여러 가지 치료가 어려운 병으로 인간의 건강과 수명이 크게 위협받는 말세(末世) 말법(末法)시대의 중생들을 위하여 마련해둔 특효약이 바로 본신묘법(本身妙法)이다. 본신묘법에서는 수기(授記)가 없고 믿고 받아드리는 즉시 성불이 결정된다. 그러므로 본신불인 석가모니부처님은 약왕보살본사품에서 수왕화보살에게 말법시대인 후 500세에 염부제의 중생들의 병에 특효약이 될 묘법연화경 특히 본신묘법을 잘 지켜 널리 유포하라고 당부하신 것이다.

여러 개의 강들이 결국 바다로 흘러들어가듯 아함, 방등, 반야 등의 여러 가지 가르침은 묘법연화경이라는 큰 바다에 흘러들어간다. 묘법 이전의 방편의 가르침들은 묘법연화경 속에 그대로 총섭된다. 예를 들면 사제법의 가르침과 12연기법의 가르침의 요점은 화성유품에 들어가 있고 반야경의 핵심들이 약초유품에 해당하는 케른본 묘법연화경의 초목품에서 발견된다. 금강경의 마지막 사구게인 일체유위법은 마치 꿈 같고 환(幻) 같고 물거품 같고 그림자 같고 이슬 같고 번갯불 같이 실체가 없다는 가르침은 초목품에서 일체법은 공(空)하고 마치 환(幻) 같고 꿈 같고 산울림 같고 아지랑이 같고 파초나무의 속과 같이 실체가 없다는 가르침으로 드러난다. 반야심경의 가르침이 묘법연화경의 안락행품에 일체법은 공(空)하여 있다고 할 것이 없고 허공 같아 일체 말길이 끊어졌다는 가르침으로 드러난다.

그리고 마지막으로 모든 사람이 다 불성(佛性)을 가지고 있다는 화엄경의 가르침은 모든 사람이 불지혜(佛智慧)를 가지고 있는 본래 부처라는 묘법연화경의 가르침으로 드러난다. 그렇다고 묘법연화경이 그러한 모든 가르침의 단순한 집합에 불과한 것은 아니다. 법화경은 제법실상의 진리를 선양하고 영원불멸의 본신불과 누구나 지니기만 해도 즉신성불하는 본신묘법을 개현한 유일한 경전이다. 마치 바다가 모든 강물의 단순한 집합체가 아니고 그 어디에서도 찾을 수 없는 유일하고 독특한 바다이듯이 법화경도 모든 부처님의 가르침의 단순한 집합체가 아니고 유일무이한 성불의 길인 묘법연화경이다.

이와 같이 묘법연화경은 부처님의 모든 가르침을 대표하므로 묘법 하나를 지님이 결국 부처님의 모든 가르침을 지니는 것이다.

이 어려운 세상을 살아가야 하는 중생들은 이 묘법연화경 하나로 모든 문제가 다 해결된다. 묘법으로 성불도 자동적으로 해결되고 탐·진·치 등 사람들의 삼독심(三毒心)도 다 소멸되고 아만, 시기, 질투 등 나쁜 마음도 다 해소되고 내가 소원하는 바도 성취된다. 그리하여 이 세상에서 안온하게 살고 죽어서는 선처에 태어나며 더 이상 윤회전생의 괴로움을 받지 않는다.

그러므로 석가모니부처님은 법화경 곳곳에서 묘법연화경을 수지하라고 당부하신다. 따라서 우리는 오직 법화경과 부처님을 믿고 모든 근심과 집착과 괴로움을 다 내려놓고 배 고프면 밥먹고 피곤하면 쉬고 잠 오면 잠자고 기쁘면 웃고 슬프면 울고 모든 것을 있는 그대로 받아들이고 인연 따라 살아가면 된다. 오직 굳게 믿는 마음으로 법화문으로 들어오면 된다. 법화경을 수지하는 것 하나로 족하다. 그에 더하여 묘법연화경을 독송, 해설, 서사하면 더 좋고 그 위에 더하여 보시, 지계, 인욕, 정진, 선정, 지혜의 6바라밀수행을 겸하면 그 공덕은 무궁무진하다.

(3) 묘법의 가르침

법화경에는 두 종류의 부처님이 등장한다. 여래수량품에 등장하는 부처님은 2500여 년 전 인도의 붓다가야의 보리수 밑에서 큰 깨달음을 얻으신 부처님이 아니고 헤아릴 수도 없는 아주 오래 전에 성불하시고 그 수명이 영원한 그리고 항상 우리 곁에 계시는 상주불멸(常住不滅)의 본신불(本身佛 또는 本佛)이다.

서품부터 법사품까지 설법을 하신 부처님은 이 본신불로부터 분신(分身)한 이른바 분신불(分身佛)이다. 견보탑품에 등장하는 다보탑 속의 다보불을 사부중에게 보이려면 여러 불국토에서 설법하고 있는 모든 분신불이 다 모여와서 함께 다보불탑을 열어야 한다. 그렇게 등장하는 부처님들이 본신불의 분신(分身)인 분신불이다.

따라서 법화경의 설법도 본신불이 설한 본신묘법(本身妙法)과 분신불이 설한 분신묘법(分身妙法)의 두 가지로 나누어진다. 분신묘법은 서품1에서부터 법사품10까지의 설법이고 본신묘법은 견보탑품11에서부터 보현보살권발품28까지의 설법을 말한다. 법화경은 총 28품으로 구성되어 있다. 이제 서품부터 중요한 가르침의 내용이 무엇인지 그 요지가 무엇인지 밝혀나가고자 한다.

서품에서는 석가모니부처님이 백호에서 광명을 놓아 동방의 여러 세계를 비추어 대중들로 하여금 그곳에 사는 중생들이 어떤 업을 짓고 어떻게 윤회전생하며 괴로움을 겪고 있는지 역력하게 보여준다. 중생들이 그들의 지은 업에 따라 아비지옥에서부터 유정천에 이르기까지 육도 환생하는 모습을 보여준다. 그리고 중생들이 그들의 근기 따라 성문승의 수행을 하거나 벽지불의 수행을 하는 모습, 그리고 보살들이 수행하는 모습과 부처님들이 설법하고 열반에 드는 모습도 다 보여준다.

이렇게 보여줌으로서 사람들에게 인과응보의 엄중함을 일깨워준다. 사람이 살면서 겪게 되는 모든 고통이나 행복은 모두 자기가 지은 업의 과보로 생긴 것이지 결코 우연히 닥친 불행이나 행운이 아니라는 것이다. 그리고 일월등명불부처님은 "나는 묘법연화경에서 제법실상(諸法實相)을 설하여 한량없는 중생들이 불지혜(佛智慧)를 얻게 하였다. 이제 제법실상의 진리를 이미 다 설하였으므로 오늘밤 중에 열반에 들리라."하고 선언하였다.

이 서품에 이미 법화경의 핵심이 다 드러나 있다. 그것은 법화경은 방편의 가르침이 아니고 실상진리의 가르침이란 점 그리고 묘법연화경을 수지하면 누구나 다 부처가 된다는 것이다.

이러한 가르침은 방편품2에서도 계속된다. 부처님이 열반하시기 전 마지막 단계에서 설하시는 묘법연화경은 누구나 다 불지혜(佛智慧)를 가지고 있으며 본래 부처라는 참으로 놀라운 진리를 선언한다. 그리고 묘법을 설하기 이전의 설법은 모두 방편의 가르침이란 것이다. 성문과 벽지불 그리고 보살들에게 근기 따라 설한 것이 이른바 삼승(三乘)으로 방편의 가르침이다. 그리고 마지막 단계에 이르러 설한 묘법연화경의 가르침은 실상진리의 가르침으로 "누구나 다 부처"라는 일불승(一佛乘)의 가르침이다.

이 묘법(妙法)은 대단히 난해하고 믿기도 어렵기 때문에 중생들의 사량분별(思量分別)로는 도저히 쉽게 깨달을 수 없다. 그러므로 이들에게 불지혜를 열어서(開) 보여주고(示) 그들로 하여금 깨닫고(悟) 드디어 불지혜에 들어가게(入) 하기 위하여 부처님들이 이 세상이 출현한다. 그러므로 우리는 부처님과 부처님의 가르침인 묘법을 깊이 믿고 우리가 본래 부처라는 진리를 자각해야 한다.

이러한 가르침은 신해품, 화성유품에서도 계속 이어진다. 성문을 비롯한 불제자들은 그동안 부처님의 방편설법을 듣고 얻은 열반이 공부의 끝이라고 생각하고 있었는데 그것이 최종 목적지가 아니고 중간에 잠시 쉬어가도록 방편으로 지어놓은 성(城)에 지나지 않는다. 그러므로 궁극적이며 완전한 열반을 얻는 최종 목적지까지 더 나아가야 한다. 누구나 다 부처가 되는 최종 목적지가 바로 실상진리의 가르침 즉 묘법이다.

그리하여 아직도 반신반의하는 이들에게 본래 부처라는 확신을 심어주기 위하여 제자들에게 미래세에 무수한 부처님을 만나 공양하고 그들로부터 진리의 법인 정법을 듣고 성불하리라는 수기(예언)를 준다.

특히 법화경 범어본을 영문으로 번역한 케른(Kern)본 법화경의 초목품(草木品/구마라즙본의 약초유품에 해당)에서는 맹인(盲人)의 비유를 들어 이러한 사실을 설명한다. 타고난 맹인(중생)은 아름다운 미인도 없고 해와 달도 없다고 말한다. 그는 그의 눈으로 볼 수 없으니 그것들이 없다고 주장한다. 유명한 의사(부처님)가 그를 가엾이 여겨 히말라야 설산에만 있는 희귀한 약초를 가지고 치료하여 그의 시력이 회복되었다. 맹인이었던 그는 이제 시력이 회복된 자기의 눈으로 보는 것이 전부인 양 말하였다. 그는 육안으로 볼 수 없는 것이 있다는 것을 알 수 없었다. 그러자 그 의사는 그에게 깊은 선정수행을 하여 신통력을 얻게 하고 자기의 육안으로 보는 것만이 전부가 아니라는 사실을 깨닫게 한다.

신통력이 생기면 육안으로 볼 수 없는 것도 볼 수 있고 남의 마음도 알 수 있고 남의 전생도 다 볼 수 있다. 한밤중에 방 안에 앉아서 방 밖에 있는 사람이 누구며 그가 무엇을 하고 있는지 다 본다고 한다.

이 비유의 가르침의 핵심은 불지혜를 얻고 성불하여 진실된 열반을 얻고자 하면

① 일체의 법 즉 삼라만상이 공(空)하고 마치 환(幻) 같고 꿈과 산울림과 아지랑이 같고 파초나무의 속과 같이 실체가 없으며

② 따라서 일체법의 본성은 실체가 없는 공(空)이요 개체의 자기만의 특성이 없는 무자성(無自性)이다.

③ 그러므로 일체법은 있는 것도 아니요 없는 것도 아니라고 "있는 그대로" 지혜롭게 보아야 한다. 이와 같이 삼라

만상을 "있다/없다", "크다/작다" 등 두 가지로 나누어 분별하여 보지 않고 있는 그대로 "여실(如實)하게" 보는 실상지(實相智) 또는 중도실상(中道實相)을 깨쳐야 한다고 말한다.

드디어 분신묘법의 마지막인 법사품에 이르러 보살들이 설법의 대상으로 등장한다. 그 전까지는 성문제자들을 대상으로 설법이 진행되었으나 이제부터 보살이 그 대상으로 등장한 것이다. 묘법은 부처님이 호념하는 법이요 "보살을 가르치는 법"이기 때문에 보살이 설법의 대상으로 등장하는 것은 지극히 당연한 일이다. 그리고 부처님이 멸한 후 미래세에 묘법연화경을 수지 독송하는 사람은 누구나 다 성불할 것이라고 수기를 주고 묘법을 해설하는 사람과 묘법으로 수행하는 사람은 누구나 다 여래의 방에 들어가서 여래의 옷을 입고 여래의 자리에 앉아서 해야 한다고 말한다. 일체 중생에 대하여 대자대비심(大慈大悲心)을 가지는 것이 여래의 방이며, 유화인욕심을 가지는 것이 여래의 옷을 입는 것이고, 일체의 법이 공(空)이라고 아는 것이 여래의 자리에 앉는 것이다.

그리고 드디어 본신묘법이 시작되는 견보탑품11에 이르러 본신불의 분신인 무수한 분신불(分身佛)을 모으고 그들과 함께 다보불탑을 열고 사부대중들로 하여금 아주 오래 전에 열반하신 다보불을 친견할 수 있게 한다. 그렇게 하기 위하여 청정하지 못한 설법 장소를 청정하게 만들고 무수한 분신불과 그를 수행하여 온 여러 보살들을 다 수용하기 위한 아주 넓은 공간을 정토(淨土)로 변화시켰다. 그리하여 사부중이 예토(穢土)가 곧 정토임을 직접 눈으로 보고 알게 하였다. 우리가 사는 이 더러운 세상은 내가 여실지견(如實知見)으로 보면 그것이 그대로 정토 즉 청정한 국토가 된다.

제바달다품12에서 드디어 여덟 살밖에 안 되는 용녀(龍女)가 부처님과 사부대중 앞에서 즉시 성불하는 놀라운 모습을 보여준다. 용녀는 문수보살의 제자로서 그동안 대승의 공법(空法)을 공부하고 묘법연화경을 듣고 수행하였다. 분신묘법에서는 성문제자들이 무수겁을 거쳐 수많은 부처님을 만나 공경 공양하고 보살도를 닦은 다음에 성불하는데 본신묘법에서는 묘법연화경을 수지 독송하면 즉신 성불한다는 것이다.

안락행품14에서는 앞의 분신묘법 초목품에서 맹인의 비유를 들어 설한 일체법의 본성이 공(空)이요 실체가 없고 자기 자신만의 특성이 없는 무자성(無自性)이라는 가르침과 일체법을 여실지견으로 보라는 가르침이 다시 반복된다. 그것은 상(相)병에 걸린 중생들을 치료하기 위해 ① 모든 것이 환 같고 꿈 같고 실체가 없는 공(空)이라고 가르치고 ② 집착하는 습성이 강한 이들이 다시 공에 집착하여 세상을 등지고 고통 속에 있는 중생들을 외면하고 오직 자기 마음 편한 것만 추구하는 것을 막기 위하여 이 세상을 임시로 존재하는 가(假)의 세계로 인정한다. 네 가지 안락행에서 가까이 지내지 말아야 할 사람, 참고 인내하는 마음, 자비심을 가지고 사람을 대하는 것 등의 가르침이 바로 가의 세계에서 지켜야할 행동지침이다. 그리하여 보살은 가의 세계를 무대로 중생 제도라는 보살행을 할 수 있다. ③ 이처럼 공(空)과 가(假)를 거쳐 결국 중도실상(中道實相)이란 중(中)에 도달할 수 있게 된다. 그것이 여래수량품에 나오는 "여실지견(如實知見)"이다. 부처님은 삼계(三界)의 모든 것을 있는 것도 아니고 없는 것도 아니며 실(實)도 아니요 허(虛)도 아니고 생(生)도 아니요 사(死)도 아니라고 보는 것이다.

이렇게 하여 종지용출품15에 이르러 부처님으로부터 묘법연화경 특히 본신묘법의 가르침을 듣고 모두 불지혜에 들어가게 된다. 그리고 드디어 본신묘법의 정점인 여래수량품

16에서 본신불(本身佛)이 등장한다. 석가모니불은 모든 사람들이 알고 있듯이 석가족의 왕궁에서 태어나 출가한 후 6년 고행 끝에 보리수 밑에서 최고의 깨달음을 얻고 부처가 된 것이 아니고 헤아릴 수도 없는 아주 오래 전에 성불하였고 수명은 영원하여 상주불멸(常住不滅)이며 항상 이곳에 머물러 있지만 중생들의 교화를 위하여 그동안 열반에 든다고 말하기도 하고 이름을 달리하고 수명이 길기도 하고 짧기도 함을 보이며 나타났다가 열반에 들기도 한다. 때로는 자기 몸을 말하고 혹은 다른 몸을 말하며 혹은 자기 몸을 보이고 혹은 다른 몸을 보이며 혹은 자기 일을 보이고 혹은 다른 일을 보이되 모두 중생을 제도하기 위하여 방편으로 하는 것이다. 이와 같이 본불의 수명이 영원함을 듣고 한순간 믿고 기뻐하면 길게는 팔생(八生)만에 짧게는 일생(一生)에 성불한다.

분신묘법에서처럼 3아승지겁이라는 무수겁의 생이 지나 성불하는 것이 아니고 즉시 성불할 수 있다는 사실은 이 말세 말법시대를 살고 있는 우리들에게 얼마나 큰 축복인지 모른다. 화두참구를 통한 견성만이 성불의 유일한 길이라고 믿고 10여 년 이상의 긴 시간동안 세상 모든 일을 다

잊은 채 수행에 정진해야 견성(見性)할 수 있다면 그렇게 수행할 수 없는 대부분의 사람들 특히 매일 생업을 위하여 공장에서, 시장에서, 사무실에서 일해야 하는 오늘 대부분의 생활인에게 즉신성불의 본신묘법은 얼마나 큰 희망이요 축복인가.

법사공덕품19는 법화수행 하는 법사의 공덕을 말한다.

법화경을 읽고 외우며 해설하고 쓰면 법사의 안이비설신의(眼耳鼻舌身意) 즉 눈귀코혀몸과 마음이 모두 맑고 깨끗해져(六根皆令淸淨) 보통사람들이 보지 못하는 것을 볼 수 있고 들을 수 없는 것을 들을 수 있다.

마음이 청정해져서 법화경의 한 게송 한 구절만 듣고도 한량없는 이치를 통달하고 법사가 말하는 법은 실상(實相)과 같아 조금도 어긋나지 않는다. 비록 세상을 다스리는 법과 사업을 말하더라도 모두 부처님의 정법에 어긋나지 않는다. 그는 깨끗하고 깊고 묘한 음성으로 말하므로 그의 말을 듣는 사람들로 하여금 모두 기쁘고 즐겁게 한다.

드디어 누구나 부처가 되는 유일한 묘법인 법화경을 상행보살을 비롯한 지용(地涌)보살들과 많은 다른 보살들에게 잘 지켜 계속 유통시키라는 부처님의 부촉이 여래신력품과 촉

루품에서 이루어진다.

"여래가 소유한 일체의 법과 일체의 신력(神力)과 일체의 비밀한 법장(秘要之藏)과 일체의 깊고 깊은 일들(甚深之事)을 다 밝힌 묘법연화경"은 석가모니부처님이 "한량없는 백천 만억 아승지 겁 동안 닦아 익힌 얻기 어려운 아뇩다라삼먁삼보리법" 이니 이것을 받아 지니고 읽고 외우고 해설하고 쓰고 경에서 설한대로 수행하고 끊어지지 않게 널리 유포하라고 모든 보살들에게 당부하고 부촉하였다.

그리고 법화경을 수지 독송 해설 서사하고 설한대로 수행하는 곳이면 그곳이 바로 부처님이 무상정등정각을 얻은 곳이며 법륜을 굴린 곳이며 열반에 드는 곳이므로 그곳에 탑을 쌓고 공양해야 한다.

부처님이 부촉하신대로 이 경을 지니는 사람은 곧 부처님을 보는 것이며 석가모니 부처님을 기쁘게 하는 것이며 또한 모든 부처님들을 기쁘게 하는 것이다.

그러므로 그렇게 법화경을 지니는 사람은 머지않아 부처님들이 도량에 앉아 얻으신 비밀한 법(秘要法)을 얻게되며 해와 달이 어둠을 몰아내듯이 중생들의 미망(迷妄)과 무명(無明)을 제거할 것이라고 한다.

여래수량품 이후의 보살품들은 수행인들이 중생들을 위하여 어떻게 보살행을 해야 하는지 상불경보살, 약왕보살, 묘음보살, 관세음보살, 보현보살 등을 전범(典範)으로 보여준다.

석가모니부처님은 전생에 상불경보살로 있을 때 누구나 본래 부처라는 것을 굳게 믿었기 때문에 경전을 읽거나 수행은 하지 않고 오직 만나는 사람들에게 "나는 여러분을 가볍게 보지 않습니다. 왜냐하면 여러분은 모두 보살도를 행하여 반드시 성불할 것이기 때문입니다"하고 말할 뿐이었다. 그는 많은 사람들로부터 욕을 듣고 얻어맞으면서도 굴하지 않고 이와 같은 상불경행(常不輕行)을 계속 하였다.

상불경보살은 목숨을 마치려는 때에 당시 위음왕불(威音王佛)의 법화경 게송을 듣고 모두 받아지닌 공덕으로 몸과 마음이 청정해져 수명이 증장되고 무수한 부처님들을 만나서 법화경을 배우고 널리 설하였다. 그렇게 법화경을 수지 독송 해설한 공덕으로 속히 성불하게 되었다.

약왕보살은 전생에 일체중생희견보살(一切衆生喜見菩薩)로

있을 때 당시 일월정명덕부처님께 법화경을 듣고 정진하여 온갖 곳에 몸을 나타낼 수 있는 현일체색신삼매(現一切色身三昧)를 얻었다. 그는 그 삼매를 얻은 것이 일월정명덕부처님과 법화경 덕분이라 생각하고 현일체색신삼매에 들어 마하만다라꽃과 전단향을 하늘에서 뿌려 그 부처님께 공양하였다.

그러나 그는 그것으로 부족하다고 생각하고 전단향 침수향 등 여러 가지 향을 먹고 여러 가지 꽃으로 짠 향유를 마시고 일월정명덕부처님 앞에서 스스로 몸을 불사르는 소신공양을 하였다. 그리하여 당시의 부처님들로부터 이것이 진정한 정진이고 진정한 법공양이요 제일가는 보시라는 칭찬을 받았다.

속히 성불하려는 마음을 가진 사람이 한 손가락이나 한 발가락을 태워서 불탑에 공양하면 삼천대천세계에 가득찬 보물로 공양하는 것보다 그 공덕이 더 크다고 한다.

마찬가지로 삼천대천세계를 칠보로 가득채워 그것을 부처님께 공양하는 것보다 법화경의 한 구절 한 게송을 받아지닌 공덕이 더 크다고 한다. 다시 말하면 소신공양과 법화경의 수지는 그 공덕이 같다는 것이다.

묘음보살은 일체정광장엄이라는 다른 세계에서 석가모니 불과 법화경에 공양하기 위하여 사바세계로 온 보살이다.

그는 많은 칠보바리때를 공양한 공덕으로 법화삼매, 신통유희삼매 등 많은 삼매를 얻었다.

묘음보살은 법화경으로 중생을 제도하는데 여러 가지 몸을 나타내어 여러 곳에서 여러 사람들에게 법화경을 설한다. 필요에 따라 범천왕이 되기도 하고 비구니가 되기도 하고 재상이 되기고 하고 재상부인이 되기도 한다. 동남 동녀 야차 나찰의 몸으로 나타나서 그들에게 법화경을 설한다.

관세음보살은 한량없는 중생들이 여러 가지 괴로움을 받을 때 그들이 관세음보살의 이름을 일심으로 부르면 그 음성을 관하고서 고통받고 있는 중생들이 그 고통으로부터 모두 벗어나게 한다.

관세음보살도 묘음보살처럼 필요에 따라 부처의 몸으로, 성문의 몸으로, 장자의 몸으로, 거사의 몸으로, 재상부인의 몸 등으로 나투어 법을 설하여 중생을 제도하고 해탈케 한다.

보현보살은 동방의 보위덕상왕부처님 국토에서 법화경을 듣기 위하여 사바세계로 왔으며 말세말법시에 법화경을 수지하는 사람들을 공양하고 수호하여 마군이나 야차 나찰 등이 법화수행자들을 괴롭히지 못하게 하고 수지자의 마음을 편안케 한다.

보현보살은 대행(大行) 즉 실천을 상징하는 보살이다.

법화경을 지니고 읽고 외우고 바르게 기억하고 그 뜻을 해설하고 설한대로 수행하는 것이 곧 보현행이다. 바꾸어 말하면 보현행이 곧 법화수행이고 법화수행이 곧 보현행이다.

보현행의 공덕으로 법화수행자는 목숨을 마치려할 때 일천부처님이 그에게 손을 내어주어 두려움도 없고 악도에 떨어지지도 않게 인도하여 곧 도솔천의 미륵보살처소에 왕생한다.

또한 보현보살은 여래가 열반하신 뒤에 이 법화경을 수호하여 염부주에 끊어지지 않게 한다.

보현행을 하는 사람은 석가모니부처님을 보고 부처님의 입으로부터 직접 법화경을 듣는 것이며 부처님이 "착하다" 하고 손으로 이 사람의 머리를 쓰다듬어 주는 것임을 알아야 한다.

이와 같이 본신묘법의 가르침은 끝난다. 우리는 본불님과 본신묘법을 깊이 믿고 모든 것을 묘법과 부처님께 다 맡기고 인연 따라 마음 편히 살아가면 된다.

⑷ 마음 닦는 수행과 법화경

남의 말을 듣고 기분 나쁘다고 화를 내는 것도 내 마음이고 아름다운 여성을 보고 탐을 내고 구애하다 뜻대로 되지 않자 괴로워하는 것도 내 마음이고 또는 구애를 거절했다고 화를 내고 그 사람을 죽이려고 생각하는 것도 내 마음이다.

내 몸뚱이를 나라고 생각하여 집착하고 애지중지하는 것도 내 마음이다.

있을 것 다 있고 행복하게 살 수 있는 것 다 가지고 있음에도 시기하고 질투하며 부족하다고 불평하고 불만하는 것도 내 마음이다.

모든 것을 좋으니 나쁘니, 옳으니 그르니 시비분별하고 탐애하여 집착하고 또는 싫어서 배척하는 것도 내 마음이다.

이처럼 착각하고 삼라만상을 있는 그대로 보지 못하고 늘 비뚤게 보고 바보처럼 어두워 나쁜 업(業)을 짓고 괴로움 속에서 사는 것도 내 마음이 그렇게 하는 것이다.

괴로움을 스스로 만드는 것도 내 마음이고 그렇게 만든

괴로움 때문에 고통 받는 것도 내 마음이다.

괴로움을 피하고 행복하게 살려면 남을 바꾸고 환경을 바꾸려고 하지 말고 자기의 마음을 바꿔야 한다.

즉 남의 탓 해봐야 남은 바꿀 수 없으니 오직 내 마음을 바꾸는 길 밖에 없다.

마음을 닦는 수행을 해야 한다.

마음을 바꾸려면 즉 시비분별하고 집착하는 마음, 탐·진·치로 오염된 내 마음을 바꾸려면

첫째로 삼라만상을 있는 그대로 여실히 보아야 한다. 그것이 전도몽상(妄想)을 멀리 떠나서 사물을 있는 그대로 보는 제법실상이요 치우침이 없이 바르게 보는 중도(中道)이다.

둘째로 내 몸도 내 마음도 삼라만상 모두가 거울에 비친 상이요 꿈이요 환(幻)이요 허공 꽃처럼 공(空)이요 실체(實體)가 없는 것이라고 크게 깨달아야 한다.

셋째로 삼라만상에 대하여 「나」니 「내 것」이니, 옳으니 그르니, 좋으니 싫으니, 있느니 없느니 시비분별하고 평가하고 판단한 것은 거의 모두가 자기의 일방적(一方的) 주장으로 반드시 옳은 것이 아니라고 알아야 한다.

까마귀를 우리나라 사람은 흉한 새라고 보지만 일본사

람들은 오히려 길조라고 본다.

내가 우산을 펼쳐서 시계방향으로 오른쪽으로 돌리는 것은 내 앞에 있는 사람이 보면 시계 반대방향 즉 왼쪽으로 도는 것으로 보인다.

무지개를 지상(地上)에서 보면 반원으로 보이지만 천상(天上)에서 보면 온원으로 보인다.

본질적으로 보면 까마귀는 길조도 흉조도 아니고 그저 까마귀일 뿐이다.

무지개는 반원도 온원도 아니고 그저 무지개일 뿐이다.

남녀의 구별도 본질적인 차이가 아니다. 분자(分子) 이하의 원자수준으로 내려가서 분석해 보면 남자, 여자의 특성은 소멸하고 없다. 즉 공(空)이다.

물의 본질도 분자 수준에서 물인 것이지 원자 수준으로 쪼개서 보면 산소와 수소가 있을 뿐 물은 없다.

삼라만상을 있는 그대로 여실(如實)히 보고 시비분별을 멈추고 탐애와 집착을 버리면 오염된 마음, 더러워진 마음이 깨끗해진다.

이와 같이 분별의 마음, 탐·진·치로 오염된 마음이 청정해지면 더러워진 마음에 가려있던 청정한 본심 즉 불심(佛性,

진여, 여래장)이 구름에 가려 보이지 않던 푸른 하늘과 밝은 해가 드러나듯이 드러나게 된다.

이렇게 우리의 자비롭고 지혜로운 본심을 회복하게 되면, 그동안 우리를 괴롭히던 모든 괴로움은 소멸하고 더 이상 괴롭히지 않을 것이다.

그 깨끗한 마음으로 사물을 보고서 분별(分別)하는 것은 첫째로 바른 분별이다.

부모에게 불효(不孝)하는 것은 나쁜 것이요 사람을 죽이는 것은 나쁜 것이요 남을 비방하는 것도 나쁜 것이요 말을 옮겨 사이좋던 사람을 이간 시키는 것도 나쁜 것이 된다.

둘째로 삼라만상을 분별은 하되 탐애와 집착, 혐오와 배척은 하지않는다.

뱀은 독이 있으니 물리면 죽을 수 있다. 그러니 피하되 미워하여 죽이지 않는다.

나를 쓸데없이 미워하고 비방하는 사람이 있으면 그렇다고 알 뿐 그 사람을 미워하고 배척하지 않는다.

오히려 자비심으로 불쌍히 생각하고 포용한다.

셋째, 청탁을 다 수용하는 대지(大地)처럼, 더럽거나 깨끗하거나 모든 물을 다 받아들이면서도 항상 깨끗하고 맑은

대해(大海)처럼 큰 자비로운 마음(大慈大悲心)을 가져야 한다.

그러나 분별을 멈추고 탐애와 집착 혐오와 배척을 버리는 것이 말하긴 쉽지만 행(行)하기는 매우 어렵다.

왜 그런가?

분별하는 습관, 탐애와 집착의 습관은 몇 생을 거듭하며 우리 마음속에 깊이 각인된 것이기 때문에 그것을 자력수행(自力修行)으로 뿌리 뽑기는 불가능에 가깝다.

출가(出家)하여 오로지 목숨 걸고 마음 닦는 수행(修行)을 하는 스님들도 결코 쉬운 일이 아닌데 생활인에게는 불가능한 일이다.

오죽했으면 성철스님도 8년간 장좌불와(長坐不臥) 했으며 구산스님은 스스로 목숨을 끊으려고 했겠는가.

요즘 같이 먹고 살기 힘든 세상에서 더구나 인륜(人倫)은 말할 것도 없고 천륜(天倫)마저 무너진 말세(末世) 말법(末法)시대에 자력수행(自力修行)은 불가능하다.

그리하여 이런 것을 다 내다보시고 미리 부처님께서 준비해두신 수행법이 묘법연화경을 수지, 독송, 해설, 서사하는 법화수행이다.

법화수행은

첫째, 묘법연화경을 믿고 받아들이기만 해도 된다.

둘째, 수지하고 더하여 독송, 해설, 서사하면 더 좋고

셋째, 수지, 독송, 해설, 서사에 더하여 법화경이 설한 대로 지혜와 자비를 닦는 육바라밀 수행을 하면 금상첨화로 그 공덕은 무궁무진하다.

법화경을 수지하고 수행하는 공덕 가운데 중요한 몇 가지만 보면 다음과 같다.

- 속히 깨쳐서 모든 종류의 지혜(부처의 지혜)를 얻고 싶으면 법화경을 수지하고 겸하여 수지자를 공양하라. (법사품)

- 법화경을 수지하고 겸하여 보시, 지계, 인욕, 정진, 선정, 지혜(즉 육바라밀)를 수행하면 그 공덕은 가없는 허공처럼 무량하여 즉시 크게 깨치고 일체종지(부처의 지혜)를 얻게 된다. (분별공덕품)

- 법화경을 독송하는 사람은 항상 근심 걱정 없고 병통도 없다. 독도 해치지 못한다. (안락행품)

- 법화경은 능히 일체중생을 구제하고 능히 일체중생으로 하여금 모든 괴로움을 떠나게 하고 능히 일체중생을 이익케 하며 그 소원을 충족시켜준다. (약왕보살본사

품)

- 탐욕과 화냄과 우치(바보 같은 짓)의 괴로움을 받지 않게
  소멸 시키고 교만, 질투 등 여러 가지 나쁜 마음을 소멸
  시켜 그 괴로움을 받지 않게 한다. (약왕보살본사품)

(5) 칠거지악(七去之惡)의 치유

옛날에는 시집간 여자가 아이를 못 낳는 것을 비롯한 일곱 가지의 '잘못'을 저지르면 즉 칠거지악(七去之惡)을 범하면 시집에서 쫓겨났다. 즉 불순구고(不順舅姑:시부모에게 순종치 않음), 무자(無子), 음행, 질투, 악질(惡疾), 구설(口舌), 절도가 그 일곱 가지다.

불순구고란 새로 시집온 사람이 시부모에게 공손하게 대하지 않고 사사건건 시어른들의 뜻을 거역하여 순종치 않는 것으로 시집에서 쫓겨나는 가장 큰 잘못이다.

두 번째의 큰 잘못은 집안의 대를 이을 남자아이를 출산하지 못하는 것이다. 가부장적 부계사회인 그 당시로서는 어쩌면 지극히 당연히 여겼을 것이다.

세 번째로 쫓겨날 잘못은 음행으로 정숙하지 못하고 음란한 행동을 하는 것으로 요즘도 결혼생활을 유지할 수 없는 불륜인데 그 옛날에는 더 말할 필요 없는 큰 잘못이었을 것이다.

질투가 네 번째로 쫓겨날 잘못이다. 조선시대는 사대부나 양반가 또는 왼만큼사는 집의 남자들이 본처이외에 이른바 첩을 두는 것이 허용되었다. 그리하여 결혼한 남성이 한두 명의 첩을 두는 경우가 있는데 특히 본부인이 첩을 투기하면 쫓겨날 수 있는 것이다.

악질(惡疾)이란 중병으로서 폐결핵 암 등의 난치병은 말할 것도 없고 요즘같이 의술이 발달한 때를 기준으로 보면 별로 걱정할 병이 아닌 것도 그 당시에는 난치병으로 여겼을 것이다. 특히 농업사회였던 그 당시에는 며느리는 또 한 사람의 필요한 노동력으로 여겨 더욱 그러하였을 것이다. 하여간 잘 낳지 않는 병이 걸리거나 병치레를 자주하는 며느리는 시가에서 환영받지 못한 존재가 되어 언제라도 쫓겨날 수 있었다.

구설(口舌)은 조신하지 못하고 말이 많아 집안에서는 물론이고 친척이나 이웃간에 말썽을 일으키는 것으로 시가에서 쫓겨날 수 있는 또 하나의 죄목이다.

마지막으로 시가에서 쫓겨날 수 있는 행위가 절도로서 남의 소유물을 허락 없이 도둑질 하는 것이다. 이른바 "손버릇"이 나쁜사람으로 가난하여 먹을 것이 귀했던 그 옛날에 특히 남의 논이나 밭에 탐스럽게 열린 농작물을 주인 몰래 슬쩍 훔치는 일이 많았을 것이다. 아무튼 손버릇 나쁜 며느리는 가문의 수치로 여겨 언제라도 내쳐질 수 있었다.

이러한 일곱 가지 며느리의 "잘못"이란 당하는 며느리의 입장에서는 말할것도 없고 인도적인 입장에서 보더라도 쉽게 받아드릴 수 없는 것이다. 특히 아이를 못 낳거나 아들을 못 낳는 것이 여자만의 책임이 아닌데도 그 책임을 며느리인 여성에게만 있다고 쫓아내는 것이나 나쁜병에 걸렸다고 내치는 것 역시 참으로 비인도적인 처사라 아니할 수 없다.

요즘의 합리적인 가치관에서 보면 칠거지악이란 참으로 불합리한 처사요 그것을 당하는 여성의 입장에서 보면 억울하기 짝이 없는 일이었을 것이다.

그러나 인간의 보편적인 윤리 도덕의 기준으로 볼 때 누구나 지켜야 자기도 좋고 남도 좋은 윤리의 덕목은 있는 것이다.

인간 존재의 본성을 깨치시고 무엇이 인간을 괴롭히는 모든 괴로움의 원인이며 또한 무엇이 완전한 인간성의 회복을 방해하는 나쁜 오염된 마음인지를 밝히신 붓다의 가르침에 기초하여 누구나 해서는 아니되는 새로운 '칠거지악'을 보면 다음과 같다. 그것은 탐, 진, 치, 시기, 질투, 악의, 아만의 일곱 가지다.

첫째, 탐(貪)은 인간으로서, 정상적으로 가지고 있는 생의 욕망을 넘어선 '탐욕'으로서 붓다께서 세 가지 독의 마음(三毒心)이라 부르신 아주 나쁜 마음의 하나이다.

둘째, 진(瞋)은 진에(瞋恚)의 마음으로 화내는 마음이다. 자기의 이기적인 마음에 들지 않는다고 화내고 상대방을 미워하는 마음으로 자기도 해치고 남을 괴롭히는 나쁜 마음이다.

셋째, 치(癡)는 우치의 마음, 바보 같은 마음, 사물의 진실된 모습을 모르고 인간의 도리를 모르는 미망으로 우둔한 마음 즉 무명(無明)을 말한다. 이 우치의 마음, 미망의 마음인 무명이 사실 '일곱 가지 나쁜 마음'의 뿌리이다.

넷째, 시기(猜忌)는 자기가 갖지 못한 좋은 것을 남이 가졌을 때 그것을 부러워하고 부러움이 지나쳐 결국은 그것을 시샘하고 미워하는 마음이다.

다섯째, 질투(嫉妬)는 보다 강렬한 시샘의 마음이다. 자기보다 우월한 사람, 뛰어난 능력을 가진 사람을 시샘하고 증오하는 감정을 말한다. 시기와 질투의 감정은 특히 여성들에게서 자주 나타나는 감정이다.

여섯째, 악의(惡意)는 남에게 대하여 품는 악한 마음이다.

남을 미워하고 기회만 있으면 해치려고 하는 마음이다. 남을 비방하거나 사이좋은 사람을 이간시키는 행위, 시기 질투하는 언행은 모두 악의에서 나오는 것이라고 볼 수 있다.

일곱째, 아만(我慢)이다. 자기가 남보다 잘났다고 생각하는 마음이다. 남에 대한 배려심 보다는 자기중심성이 아주 강한 마음이다.

이러한 마음은 나쁜 마음으로 사람들로 하여금 나쁜 죄업을 짓게 하고 그 과보로 남도 괴롭히지만 자기 자신도 큰 고통을 받게 된다. 이러한 오염된 마음은 검은 구름이 밝은 태양을 가리듯이 본래 깨끗하고 청정한 우리의 마음이 빛을 발할 수 없게 우리 마음을 지배한다. 그러나 대개의 경우 본인은 그러한 나쁜 마음을 가지고 있는지조차 모른다. 이것이 큰 문제이다. 대부분의 사람들은 자기 자신에게 속고 있다. 그리고 이러한 경향은 자제력이 약화된 노년기에 더 두드러지게 나타난다. 젊었을 때는 자기가 그러한 나쁜 마음을 가지고 있다는 것을 잘 알아차리고 가급적 그것을 감추고 드러나지 않게 하려고 애쓰지만 감지력과 자제력이 떨어지는 노년기에는 더욱 자주, 더욱 두드러지게 표출된다.

그러면 이러한 나쁜 마음을 어떻게 뿌리 뽑을 수 있을

까? 마음 닦는 수행을 해야 하지만 요즘 같이 먹고 살기 바쁜 세상에서 그러한 마음 닦는 수행을 하여 자력으로 그러한 마음을 제거하기는 결코 쉬운 일이 아니다.

그리하여 말세 말법시대의 중생들의 이러한 병을 고치기 위하여 붓다께서 특별히 남겨두신 좋은 약이 바로 묘법연화경이다.

법화경을 수지, 독송, 해설, 서사하면 다시는 탐욕, 진에, 우치, 시기, 질투, 위선, 아만, 증상만, 사만의 괴로움을 받지 않는다고 보현보살권발품에서 설하고 있으며 또 약왕보살본사품에서는 탐욕, 진에, 우치, 아만, 질투, 분노, 악심의 괴로움을 받지 않는다고 설하고 있다.

우리는 더 이상 자기 자신을 속이지 말고 그러한 나쁜 마음을 가지고 있음을 솔직히 시인하고 그러한 나쁜 병든 마음을 치유할 수 있는 좋은 약을 먹도록 하여야 하겠다.

부록
법화삼부경의 중요한 가르침

1
무량의경

1. 무량의경

"착한 남자여, 한 법문이 있으니

능히 보살로 하여금

빨리 위없이 높고 바르며 크고도 넓으며,

평등한 깨달음을 얻게 하느니라.

만약 보살이 이 법문을 배우면

곧 능히 무상정등각을 얻느니라.

이러한 법문의 이름은 '무량의'라 하나니,

보살이 무량의란 것을 닦고 배움을 얻고자 하면

응당 마땅히 일체의 모든 법이

본래부터 성품과 형상이 비고 고요하여

큰 것도 없고 작은 것도 없으며,

나는 것도 없고 멸하는 것도 없으며,

머무르지도 않고 움직이지도 아니하며,

나아가지도 않고 물러서지도 않으며,

마치 허공과 같아

두 가지 법이 없다고 관하여 살필지니라.

그리고 모든 중생이 허망하고 비뚤어지게 헤아려

이것이다 저것이다 득이다 실이다 하며,

착하지 못한 생각을 일으켜

여러 가지 악한 업을 지어서

여섯 갈래로 윤회하여

혹독한 괴로움에서 무량억겁 동안

능히 스스로 빠져 나오지 못하느니라."

"무량의는 하나의 법을 따라 생겨났으며,

그 하나의 법은 곧 형상 없음(無相)이니

이러한 무상(無相)은

상도 상 아님도 없는 것(無相不相)이며,

상 있음도 상 없음도 아닌 것(不相無相)으로

실상(實相)이라 이름하느니라.

보살이 만약 이와 같이 무량의라는

하나의 법문을 닦으면 반드시 빨리

무상의 바르고 큰 깨달음을 얻느니라.

이런 까닭으로 보살마하살이

만약 빨리 위없는 깨달음을 이루고자 하면
응당 이와 같이 심히 깊고 위없는
대승의 무량의경을 닦고 배울지니라.”

“착한 남자여, 내가 설하는 이 경은
심히 깊고도 심히 깊으며,
진실로 심히 깊으니라.
무슨 까닭인가 하면
많은 이로 하여금 빨리 위없이
높고 바르며 크고도 넓으며 평등한
깨달음(無上正等覺)을 이루게 하는 연고이며,
한 번 들으면 능히 일체법을 지니게 되는 연고이며,
모든 중생을 크게 이익 되게 하는 연고이며,
크고 곧은 길을 가는 데 여러 가지 어려움이 없는
연고이니라(行大直道 無留難故).

이 경은 불가사의한 열 가지 공덕과 힘이 있는데,
이 경은 보살로서 아직 발심하지 못한 이를 깨치고자
하는

보리심(菩提心)을 일으키게 하고,

자비롭고 인자한 마음이 없는 이가

자비(慈心)를 일으키게 하며,

살육을 좋아하는 사람이

대비의 마음(大悲心)을 일으키게 하고,

질투하는 사람이

따라 기뻐하는 마음(隨喜心)을 일으키게 하며,

애착이 있는 사람이

능히 버리는 마음(捨心)을 일으키게 하고,

아끼고 탐내는 사람이

보시의 마음(布施心)을 일으키게 하며,

교만이 많은 사람이

계를 지키는 마음을 일으키게 하고,

분하고 성 잘 내는 사람이

참는 마음을 일으키게 하며,

게으른 사람이

정진하는 마음을 일으키게 하고,

산란한 사람이

선정심(禪定心)을 일으키게 하며,

어리석고 미혹한 사람이

지혜의 마음을 일으키게 하고,

고통의 차안에서 열반의 피안에 이르지 못한 사람이

피안으로 건너가려는 마음을 일으키게 하며,

열 가지 악(十惡)을 자행하는 사람이

열 가지 착한 행(十善)을 하는 마음을 일으키게 하고……

번뇌가 많은 사람이

번뇌를 제거하고 소멸시키는 마음을 일으키게 한다.

이것을 이 경의 제일 공덕이요,

불가사의한 힘(第一功德 不思議力)이라 하느니라."

2
묘법연화경

2. 묘법연화경

(1) 서품

"미간의 백호광명 찬란한 금빛으로
동방 만팔천 세계 두루 비추시오니
아래로 무간지옥에서 위로는 색구경천까지
여러 세계에 있는 육도 중생들이
나고 죽는 윤회 속에서 선업 악업의 인연으로
좋고 나쁜 과보 받음을
여기서 모두 보나이다."

"부처님은 묘법연화경 설하시어
대중을 환희케 하시고는
그날로 즉시
하늘과 사람들에게 이르시기를,
제법 실상 진리를

이미 너희들에게 설하였나니

나는 오늘 밤중에

열반에 들리라."

(2) 방편품

"부처님께서 성취하신 바는
제일 희유하여 깨치기
어려운 법으로
오직 부처님과 부처님만이
능히 온갖 모든 것의 실상(諸法實相)을
깊게 끝까지 다 아시었느니라.
소위 제법 실상은
이러한 모양 그대로, 이러한 성품 그대로,
이러한 체질 그대로, 이러한 능력 그대로,
이러한 작용 그대로, 이러한 원인 그대로,
이러한 인연 그대로, 이러한 결과 그대로,
이러한 과보 그대로, 이러한 근본과 지말이
평등하여 있는 그대로 실상이니라."

"사리불아, 무엇을 일러 모든 부처님 세존은
오직 일대사(一大事) 인연을 위하여
세상에 나오시는 것이라 하는가.

모든 부처님 세존은 중생들로 하여금

부처님 지견(佛知見)을 열어서

청정케 하기 위하여 세상에 나오시고,

중생들에게 부처님 지견을

보여 주기 위하여 세상에 나오시며,

중생들로 하여금 부처님 지견을

깨닫게 하기 위하여 세상에 나오시고,

중생들로 하여금 부처님 지견의 도에

들게 하기 위하여 세상에 나오시느니라.”

“모든 부처님 세존은

중생들을 이익케 하시고

안락케 하시나니,

이 부처님들도 또한

한량없고 수 없는 방편과

갖가지 인연과 비유와 언사로

중생들 위하여 온갖 법문을 연설하시나

이 법문이 모두

일불승(一佛乘)을 열기 위하는 것이므로

중생들이 부처님으로부터

법문을 듣고는

마침내 모두 일체종지(一切種智)를 얻느니라."

"일체 모든 부처님께서

한량없는 방편으로

모든 중생을 제도하시되

번뇌 없는 부처님 지혜 얻게 하시나니,

만약 중생이 묘법연화경 듣는다면

어떤 중생도 성불 못함이 없느니라."

"지혜적은 근기는 작은 법 좋아하여

자신이 성불함을 믿지 못하나니,

그러므로 방편을 써서

분별해서 여러 법문 설했으며,

비록 삼승을 설하였으나

오직 일불승뿐이니라."

"성문, 혹은 보살들이

내가 설하는 묘법연화경 듣고서
한 게송만 받아 지녀도
모두 결정코 성불하리라."

"삼세 모든 부처님께서
설법하신 의식과 같이
나도 이제 그러하여
분별 없는 법을 설하느니라(說無分別法)."

⑶ 비유품

"삼계는 편안함 없어 불타는 집 같나니

온갖 고통 가득 차서 매우 두려운 곳이니라

언제나 나고 늙으며 병들고 죽는 근심이 있어

이러한 불길 맹렬히 타 쉬지 않느니라

여래는 이미 삼계 불타는 집 떠나

고요하고 한가롭게 임야에서 편안히 사느니라

삼계는 모두 여래의 소유요

그 가운데 중생은 다 여래의 아들이니라

지금 이곳에는 온갖 고난 가득 하나니

오직 여래 한 사람만이 구호할 수 있느니라."

"지혜 제일 사리불로서도

묘법연화경은

믿음으로 들어오거든

나머지 성문들이겠는가.

나머지 성문들도

부처님 말씀 믿고서

묘법연화경 따르는 것이요,
자신의 지혜가 아니니라.”

“사리불아, 여래는 중생들을 위해
많은 비유를 들어 일불승을 설하느니라.
너희들이 능히 여래의 말을 믿어 받들면
일체중생 누구나 성불할 수 있느니라.
일불승은 미묘 청정하여 최상 제일 되나니
모든 세계에서 위가 없느니라.”

(4) 신해품

"그러나 세존께서는 저희들 마음이

용렬하여 소승을 좋아함을 아시고서,

너희는 여래의 지견(如來知見) 보배광이 있느니라.

이렇게 말씀하시지 않으시고

세존은 방편으로 여래의 지혜를

말씀하셨사오며,

저희는 부처님으로부터

하루 품삯에 지나지 않는 열반을 얻고는

큰 소득으로 삼고 대승을 구하지

아니하였사옵니다."

(5) 약초유품

"갖가지 언사로 한 법을 연설하나
부처님 지혜에는
바다의 한 방울 물과 같느니라.
내가 법비를 내려서
세상에 가득케 하거든 한맛의 법을
근기 따라 수행하는 것이
마치 저 숲 속의 모든 약초와 나무가
각기 크고 작음에 따라서
점점 무성하여짐과 같느니라."

"나는 여래이며,
복혜 구족한 양족존이니라.
세상에 나는 것이 마치 큰 구름 같아서
말라 쇠약한 중생들을 충분히 적셔 주나니,
모든 괴로움을 여의고
안온한 즐거움과 세상의 즐거움과
열반의 즐거움을 얻게 하느니라."

(6) 초목품(kern본)

"또한 일체법 성품이 본래 환영이니
허깨비요 꿈이요 메아리요
파초의 줄기 같아 심이 없거늘
삼계의 성품 또한 본래 그러하여
묶인 것도 아니요 풀린 것도 아님을 안다면
이와 같은 이는 적멸을 아느니라"

"일체법은 평등하고 본래 공하여
제각기 성품이 없기에
사량하여 알지 못하나니
공한 법을 누가 어찌 분별하겠는가
이를 이해하는 이는 큰 지혜인이라
마땅히 만법에 통달하리라"

(7) 화성유품

"여러 구도자들이 중도에서 지치고 게을러져

온갖 번뇌의 험한 길에서

나고 죽음을 건너지 못함을 보고

방편의 힘을 써서 쉽게 하고자 열반을 설하여

너희들의 괴로움이 없어지고

할 일을 다 하였다 했으나

이미 열반에 이르러

아라한 이룬 것을 알고는

이에 대중을 모아 놓고

진실한 법을 설하느니라.

모든 부처님 방편의 힘으로

분별하여 삼승을 설하시지만

오직 일불승만 있을 뿐이요,

쉽게 하고자 소승을 설한 것이니라."

"오직 일불승으로 열반을 얻게 할 뿐이요,

다시 다른 법은 없나니,

모든 부처님께서 방편으로 설하시는 법은 제외하노라.

비구들아, 만약 여래가

자신이 열반에 들 시기에 이르렀고

대중도 믿음과 깨침이 견고하며

공법을 통달하여 청정하고

깊이 선정에 든 것을 알면

곧 여러 보살과 성문들을 모아 놓고

묘법연화경을 설하나니,

세간에 소승으로 열반을 얻는 일은 있을 수 없으며,

오직 일불승으로 열반을 얻을 뿐이니라."

⑻ 수기품

"모든 비구에게 이르노라.

내가 부처님 눈으로

가섭을 보니

오는 세상

무수겁을 지나서

마땅히 성불하리라."

"이 가전연은

마땅히……여러 부처님께

공양드리고 마침내 최후신(最後身)으로

부처님 지혜를 얻어(得佛智慧)

등정각을 이루리라(成等正覺)."

(9) 견보탑품

"발가락 움직여 삼천대천세계 들어다
멀리 던지는 것은 어려운 일 아니요
색구경천에서 한량없는 다른 경전
대중에게 연설하여도 어려운 일 아닌 것이며
부처님 열반에 드신 후 오탁악세 가운데서
묘법연화경 설하는 일 이것이 가장 어려우니라"

"어떤 사람 맨손으로 허공을 휘어잡고
걸림없이 다녀도 어려운 일 아닌 것이요
내가 열반에 든 후 묘법연화경 손수 쓰고
남을 시켜 쓰게 하는 일 이것이 가장 어려우니라"

"만약 누가 대지를 발톱 위에 올려놓고
범천까지 뛰어 올라도 어려운 일 아니며
부처님 열반에 드신 후 오탁악세 가운데서
묘법연화경 독송하는 일 이것이 가장 어려우니라"

"묘법연화경 지니는 사람

일체 부처님 찬탄하시나니,

이것이 곧 용맹이요

이것이 곧 정진이며,

이것이 곧 청정지계요

이것이 곧 두타행이며,

빨리 즉시로

위없는 불도 얻으리라."

⑽ 법사품

"여래가 열반에 든 뒤
만약 어떤 사람이
묘법연화경의 겨우 한 게송 한 구절을 듣고서
한 생각이라도 기뻐하여 따른다면
내가 또한 가장 높고
완전한 깨달음의 수기를 주노라."

"일체 보살의 가장 높고
완전한 깨달음이
모두 묘법연화경에
소속된 때문이니라."

"약왕아, 곳곳에서 묘법연화경을
혹은 설하고 혹은 읽으며,
혹은 외우고 혹은 쓰며,
혹은 경전이 머물러 있는 곳에는
모두 마땅히 칠보탑을 세우되

매우 높고 넓으며,

장엄하게 조성하고

다시 사리를 조성할 필요가 없나니,

왜냐하면 이 가운데는

이미 여래의 전신이 있는 까닭이니라."

"만약 묘법연화경 설하려거든

마땅히 여래의 방에 들어가서

여래의 옷을 입고

여래의 자리에 앉아

대중처소에서 두려움 없이

널리 분별하여 설할지니라.

대자대비는 방이 되고

유화인욕은 옷이 되고

일체 법공(一切法空)은 자리가 되나니,

여기에 거처하여 설법하라."

(11) 안락행품

"항상 좌선하기를 좋아하여
한적한 곳에서 그 마음을
거두어 닦으라.
문수사리야, 이것을
첫째의 친근할 곳이라 하느니라.
또 보살마하살은
일체 모든 것을 관하되
공한 것이요 실상과 같은 것이며,
전도되지 않고 움직이지도 않으며,
물러가지도 않고 구르지도 않아
허공 같아서 성품이 없으며,
온갖 말길이 끊어져
나지도 않고 나오지도 않으며,
일어나지도 않고 이름도 없으며,
모양도 없어 실로 아무것도 없는 것이요,
한량없고 그지없으며,
걸림 없고 막힘 없건만

다만 인연으로 있는 것이요,
전도되어 나는 것이로다 할지니
항상 이렇게 모든 것을
실상으로 관하라.
이것을 보살마하살의
둘째 친근할 곳이라 하느니라."

"다시 상중하의 법과
함이 있고 함이 없으며,
진실하고 진실치 않은 법을
행하지 말고
또한 남자다 여자다 분별하지 말며,
온갖 모든 것은 얻을 것이 없고
알 것도 볼 것도 없는 것이니
이를 일러 보살의
행할 곳이라 하느니라.
일체 모든 것은 공하여
아무것도 없는 것이요,
항상 머무르는 것도 없으며,

일어남도 없어짐도 없는 것이니,

이것을 지혜인의

친근할 곳이라 하느니라.

전도되어 온갖 모든 것을

있는 것이다 없는 것이다,

진실한 것이다 허망한 것이다,

난다 나지 않는다 하고 분별하나니,

한적한 곳에 거처하여

그 마음을 거두어 닦고

편안히 머물러 부동하기를

수미산같이 하라.”

(12) 종지용출품

"이 모든 중생이

처음 나의 몸을 보고

나의 말을 듣고는

즉시 모두 믿고 받아들여

여래의 지혜에 들었나니,

다만 먼저부터 소승을 배워

닦아 익힌 사람들은 제외되었으나

이런 사람들도

내가 이제 묘법연화경을 듣게 하여서

부처님 지혜에 들게 하였느니라."

(13) 여래수량품

"선남자들아,
내가 사실로 성불한 지는
한량없고 그지없는
백천만억 나유타겁이 지났느니라."

"이때부터 나는 항상
이 사바세계에 머물러 있으면서
설법하여 교화하였으며,
또한 백천만억 나유타 아승지
다른 세계에서도
중생들을 인도하여
이익케 하였느니라."

"여러 곳에서 이름을 달리하고
수명이 길기도 하고
짧기도 함을 보이며,
나타났다가 열반에 들기도 하고

또 갖가지 방편으로

미묘한 법문을 설하여

중생들로 하여금

환희심을 내게 하느니라.”

“여래는 실상과 같이

삼계의 모양을 알고 보나니

번뇌를 일으켜

나고 죽음에 빠지는

이런 일이 없느니라.

나고 죽음도 없고

열반에 드는 것도 없으며,

또한 진실한 것도 없고

허망한 것도 없으며,

같은 것도 없고

다른 것도 없어서

삼계 중생이

삼계를 보는 것과 같지 않나니

이런 일을 여래는

밝게 보아 착오가 없느니라."

"이와 같이 내가 성불한 지는
매우 오래되었으며,
수명은 한량없는 아승지겁이요,
항상 머물러 있어
멸하는 일이 없느니라."

"중생들을 제도하기 위하여
방편으로 열반을 보이지만
사실은 열반에 들지 않고
항상 이곳에 있어 설법하느니라."

"중생들은 겁이 다하기도 하고
큰 불이 타기도 하는 것을 보지만
나의 이 정토는 안온하여
하늘과 사람이 항상 가득하며,
동산과 숲, 모든 강당과 누각이
갖가지 보배로 장엄되었느니라.

보배 나무에는 꽃과 과실 많아

중생들 즐거이 노닐며,

모든 하늘은 하늘 북 치고

언제나 미묘한 기악 울리며,

아름다운 만다라꽃 내려서

부처님과 대중에게 흩느니라.

나의 정토 영원히 변함없건만

중생들은 불에 타 없어지고

근심, 공포, 온갖 고뇌가

가득 찬 곳으로 보느니라."

(14) 분별공덕품

"이때 세존께서
미륵보살에게 이르시었다.
아일다야, 내가 여래의 수명이
영원함을 설할 때……
다시 한지구 미진수 보살들이
일생 만에 가장 높고 완전한
깨달음을 얻게 되었느니라."

"그때 미륵보살이……
합장하고서 부처님을 향하여
게송으로 사뢰었다.
혹은 한 지구
미진수 보살들이
각각 모두 일생 만에
일체종지 얻게 되었나이다.
이런 많은 중생들이
부처님 수명 영원함을 듣고서

한량없고 번뇌 없는

청정 과보를 얻었나이다."

"하물며 다시 어떤 사람이

능히 묘법연화경을 받아 지니고서 겸하여

보시, 지계, 인욕, 정진, 선정, 지혜를 행한다면

그 공덕이 가장 수승하여

한량없고 그지없나니

마치 허공의 동서남북과

네 간방과 상방과 하방이

한량없고 그지없듯이

이 사람의 공덕도 이와 같아서

한량없고 그지없으며

빨리 일체종지에 이르게 되느니라."

"하물며 묘법연화경 받아 지니고서

보시와 지계를 겸하고

선정을 닦으며 인욕하여

성내지 않고 악구하지 않으며,

부처님 탑과 법당을 공경하고

모든 비구에게 겸손하여 하심하며,

교만심을 버리고

항상 지혜를 생각하며,

어려운 물음에도 성내지 않고

수순하여 해설해 주는

이런 행을 닦음이겠는가?

그 공덕이 한량없느니라.”

(15) 법사공덕품

"다시 다음으로 상정진아,

만약 선남자 선여인이

여래가 열반에 든 후

묘법연화경을 받아 지니고서

혹은 읽고 혹은 외우며,

혹은 해설하고 혹은 베껴 쓰면

천이백의 마음의 공덕을 얻느니라.

이 청정한 마음으로

겨우 한 게송이나 한 구절만 들어도

한량없고 그지없는 진리를 통달하나니

이렇게 진리를 깨치고는

능히 한 구절 한 게송만 가지고도

한 달이나 넉 달이나 일 년간을 연설하게 되며,

진리 따라 설하는 바 모든 법문은

다 실상과 더불어 서로 위배되지 않고

혹 세속의 경서나 세상을 다스리는 말이나

생활을 돕는 산업 등을 말할지라도

모두 정법에 순종하는 것이 되느니라."

(16) 상불경보살품

"대세지야, 마땅히 알라.

묘법연화경은 모든 보살을

크게 이익케 하여 가장 높고

완전한 깨달음에 이르게 하나니

그러므로 모든 보살은

여래가 열반에 든 후

반드시 항상 묘법연화경을

받아 지니고서 읽고 외우며,

해설하고 베껴 써야 하느니라."

"이 부처님께서 열반에 드시고

법이 없어지고자 할 때

한 보살이 있었으니,

상불경이라 이름하였느니라.

그때 사부 대중이

법을 계교하여 집착하거늘

이때 상불경보살이

그들이 있는 처소에 가서

이렇게 말하였나니,

"나는 여러분을 가볍게 보지 않습니다.

여러분은 도를 행하여서

모두 성불할 수 있기 때문입니다."

사람들이 이 말을 듣고서

업신여기고 욕설하였지만

상불경보살은 잘 참고

성내지 아니하였느니라.

그 몸의 수명이 다 되어

목숨을 마치려는 때

묘법연화경을 갖춰 듣고 모두 지녀

육근청정을 얻었으며,

신통력으로 수명을 늘리고

다시 여러 사람들에게

널리 묘법연화경을 설하였느니라."

"상불경보살은 목숨을 마치고서

묘법연화경을 설한 까닭으로

무수한 부처님 만나고
한량없는 복을 얻었으며,
점점 공덕을 갖추어
빨리 불도를 이루었느니라."

"그러므로 수행하는 사람들은
부처님이 열반에 든 후
묘법연화경을 듣고
의혹을 내지 말 것이요,
마땅히 일심으로 받아 지니고서
널리 사람들에게 설하여 줄지니
세세생생 항상 부처님 만나고
빨리 성불하게 되느니라."

(17) 여래신력품

"한량없고 그지없는

백천만억 아승지겁 동안

묘법연화경의 공덕을 설하여도

오히려 다할 수 없느니라.

요긴히 이를 말한다면

부처님의 일체 온갖 모든 것과

부처님의 일체 자재한 신통력과

부처님의 일체 요긴하고 비밀한 법장과

부처님의 일체 매우 깊은 일들을 모두

묘법연화경 가운데 밝히고 보였으며,

나타내어 설하였느니라."

"어느 세계에서나 만약

묘법연화경을 받아 지니고서 읽고 외우며,

해설하고 베껴 쓰고

설한 대로 닦아 행하는 사람이 있거나

또는 묘법연화경 경전이 있는 곳이면……

이곳에 모두 탑을 쌓고 공양 드릴지니라.

왜냐하면 마땅히 알라.

이곳은 곧 도량이니,

모든 부처님이 다 이곳에서

가장 높고 완전한 깨달음을 얻으셨으며,

모든 부처님이 다 이곳에서

법륜을 굴리시고

모든 부처님이 다 이곳에서

열반에 드시는 까닭이니라."

(18) 약왕보살품

"제석천왕이 삼십삼천 가운데 왕이 되듯이
묘법연화경도 이와 같아서
모든 경 가운데 왕이니라."

"부처님이 온갖 모든 것의 왕이 되듯이
묘법연화경도 이와 같아서
모든 경 가운데 왕이니라.
수왕화야, 묘법연화경은 능히
일체중생을 구원하느니라.
묘법연화경은 능히
일체중생의 온갖 고뇌를 여의게 하고
묘법연화경은 능히
일체중생을 크게 이익케 하여
그 소원을 충만케 하느니라."

"묘법연화경도 이와 같아서
능히 중생들로 하여금

일체의 고통과 일체의 질병을 여의케 하고
능히 일체의 나고 죽는 속박에서
해탈케 하느니라.
만약 사람이 묘법연화경을 듣고서
몸소 쓰거나 사람을 시켜 쓰게 하면
얻는 바 공덕을
부처님의 지혜로 다소를 헤아릴지라도
그 끝을 다하지 못하느니라.”

“수왕화야, 너는 마땅히
신통력으로 묘법연화경을 수호하라.
왜냐하면 묘법연화경은
곧 남염부제 사람들의 병에
좋은 약이 되는 까닭이니,
만약 병 있는 사람이
묘법연화경을 들으면
병이 곧 소멸되고
늙지도 않고 죽지도 않으리라.”

(19) 관세음보살품

"선남자야, 한량없는 백천만억 중생들이

모든 고뇌를 받을 적에

이 관세음보살을 듣고

일심으로 이름을 부르면

관세음보살이 즉시에

그 음성을 관찰하고

다 해탈을 얻게 하느니라."

(20) 보현보살품

"만약 선남자 선여인이

네 가지 법을 성취하면

여래가 열반에 든 후

마땅히 묘법연화경을 얻을 수 있느니라.

첫째는 모든 부처님의 호념하심이 되어야 하고,

둘째는 모든 덕본을 심어야 하며,

셋째는 정정취에 들어야 하고,

넷째는 일체중생을 구제코자 하는 마음을 내어야 하나

니,

선남자 선여인이 이러한 네 가지 법을 성취하면

여래가 열반에 든 뒤에

반드시 묘법연화경을 얻을 수 있느니라."

"보현아, 만약 묘법연화경을 받아 지니고서

읽고 외우며 바르게 기억하고

닦아 익히며 베껴 쓰는 사람이 있으면

마땅히 알라.

이 사람은 곧 석가모니불을 보는 것이며,

석가모니불의 입으로부터 묘법연화경을 듣는 것이요.

마땅히 알라.

이 사람은 석가모니불께 공양드리는 것이요.

마땅히 알라.

이 사람은 부처님으로부터 착하다 하고 칭찬받는 것이요.

마땅히 알라.

이 사람은 석가모니불이 그 머리를

손으로 만져 줌을 받는 것이요.

마땅히 알라.

이 사람은 석가모니불이 옷으로

싸 줌을 받는 것이니라."

"이 사람은 마음이 바르고 곧으며,

바른 기억이 있고 복덕력이 있으며,

이 사람은 삼독에 시달리지 않고

또한 질투, 아만, 그릇된 소견,

교만, 증상만의 시달림을 받지 않으며,

이 사람은 욕심이 적어
족한 줄 알고 잘 보현행을 닦으리라.”

“보현아, 만약 후세에
묘법연화경을 받아 지니고서
읽고 외우면
이 사람은 다시 의복이나 침구나 음식이나
생활하는 물품을 탐착하지 아니할 것이며
소원이 헛되지 않고
현세에서 그 복보를 얻으리라.”

3
불설관보현보살행법경

3. 불설관보현보살행법경

"모든 부처님 앞에서
스스로 자기의 허물을 말할지니라.
모든 부처님 여래는
바로 나를 사랑하는 아버지이시니,
너는 마땅히 스스로
혀로 지은 좋지 못한 악업을 말할지니라.
이 혀는 악업의 형상인 거짓말과
교묘하게 꾸민 말과 악한 말과
두 가지의 말과 헐뜯어 비방하는 말과
망령된 말을 하고 그릇된 견해를 찬탄하며,
이롭지 않은 말을 하였느니라.
이와 같은 많고 많은
갖가지의 악업으로 만나서
싸우고 무너뜨리고 어지럽게 하여
법을 법이 아니라고 말하였나니,

이와 같은 많은 죄를 지금 다 참회할지니라.”

“모든 부처님 앞에서 이런 말을 할지니라.

이 혀의 허물과 재앙은 헤아릴 수 없고 가없으며,

모든 악업의 가시는 혀를 쫓아 나왔으며,

바른 법륜을 끊는 것도

이 혀를 쫓아 일어남이오니,

이와 같이 악한 혀는

공덕의 종자를 끊으며,

옳지 않은 것 가운데서

옳은 것이라고 자주 강하게 말하며,

삿된 견해를 찬탄하는 것도

불에다 땔감을 더하는 것과 같사옵고

중생을 향해 함이 오히려 위험한 불과 같으오니,

이와 같은 악하고 삿되고 착하지 못한

죄보로 마땅히 천겁을 악도에 떨어지오며,

망령된 말을 한 까닭으로

큰 지옥에 떨어지리니,

저는 지금 부처님을 향하여

나무불 하고 귀의하고

모든 더러운 악을 다 드러내옵니다."

"너는 지금 응당 몸과 마음을 참회할지니라.

몸은 살생하며 도둑질하고 음란하며,

마음은 모든 착하지 못한 것을 생각하나니,

열 가지 악과 다섯 가지 무간의 업을 지어서

원숭이와 같고 끈끈이와 아교같이

곳곳마다 탐착하며…… 육근(六根)이 짓는

업이 일체의 나는 곳에 가득하니라.

또한 무명과 늙고 죽는 것 등

열두 가지 괴로운 일이 더욱 증장되고

여덟 가지 어려움(八難)을 겪게 되나니,

마땅히 이와 같이 악하고 착하지 못한

죄업을 참회할지니라."

"착한 남자여,

네가 지금 대승경을 독송하는 고로

시방의 모든 부처님께서 참회의 법을 설하시느니라.

보살의 행할 바는

몸과 마음을 괴롭히는 번뇌를 끊지도 않고

또 그러한 번뇌의 바다에 머무르지도 않으며,

마음이 무심(無心)함을 관하되

전도되어 생각이 일어나고 이러한 생각의 마음은

망상을 따라 일어나느니라.

마치 공중의 바람이 의지할 곳이 없는 것처럼

이러한 법의 모양(法相)은 불생불멸(不生不滅)이니라.

무엇이 죄며 무엇이 복인가.

나의 마음이 스스로 공(我心自空)하니,

죄와 복도 주인이 없으며,

일체의 모든 현상(一切諸法)도 모두 이와 같아서

머무름도 없고 무너짐도 없느니라.

이와 같이 참회하면

마음을 관함에 마음도 없고

법도 법 가운데 머무르지 아니하나니,

일체 현상이 해탈이며 적멸하고 적정하니라.

이와 같이 생각하는 것을

대참회라 하고 죄의 상이 없는 참회라

이름하느니라."

"만약 안근(眼根)에 나쁜 업장이 있어
눈이 맑지 않으면 마땅히 대승을 외우고
절대 진리(第一義)를 생각하고 염할지니라.
이것을 눈의 참회라 하느니라.
이근(耳根)이 어지러운 소리를 듣고
화합의 뜻을 무너뜨려 어지럽게 하니,
이로 인하여 광란이 일어나고
어리석은 원숭이와 같나니 마땅히 대승을 외우고
모든 현상이 공하여 형상이 없다고 관하면(觀法空無相),
일체의 악은 영원히 다하고
천이(天耳)로 시방을 듣느니라.……
마음(心根)은 원숭이와 같아서
잠시도 머무는 때가 없나니,
만약 조복하고자 하면 마땅히
대승 경전을 독송하고
부처님의 크게 깨달은 몸으로 이룬
힘과 두려움 없음을 염할지니라.……

일체의 업장의 바다는

모두 망령된 생각을 좇아 생겨나므로

만약 참회하고자 하면 단정히 앉아서

실상(實相)을 염할지니라.

많은 죄는 서리와 이슬 같아서

지혜의 해로 능히 녹여 없애느니라(慧日能消除)."

"어떤 중생이……

시방의 부처님께 절하고

대승 경전을 독송하고

깊고 깊은 절대적 공법(第一義甚深空法)을 생각하면

손가락 한 번 튕기는 사이에 백만 억 아승지겁의

생사의 죄(生死之罪)가 없어지고 소멸되느니라."